Curso
MAD360

*La diferencia entre aprobar
y sacar plaza*

Auxiliar de Carretera

DIPUTACIÓN PROVINCIAL DE BURGOS

Accede a tu **Curso MAD360** y disfruta de los siguientes recursos:

- Técnicas de Memoria 360.
- MADTEST: Test nivel PRO.
- Temario en formato digital.
- Planificación de estudio.
- Foro entre opositores hasta la fecha del examen.*
- Recursos y novedades exclusivas.
- Consulta sobre la oposición y el proceso selectivo.
- Actualizaciones legislativas (Boletines Oficiales) hasta 60 días antes de la fecha del examen.*

Para acceder al Curso MAD360** será necesaria la compra de todos los libros para esta especialidad de la edición 2024.

Valida los códigos que encuentras en la última página de tus libros y disfruta de la experiencia MAD360.

Infórmate en: mad.es/registro-campus

NOTA IMPORTANTE:

* Examen de esta categoría profesional correspondiente a la convocatoria publicada en el BOP de Burgos núm. 133, de 12 de julio de 2024, o hasta el 30 de septiembre de 2025, lo que se cumpla antes.

** El acceso al CURSO MAD360 estará disponible desde octubre de 2024 (algunos recursos podrían estar disponibles en fecha posterior). Tendrá una duración de 365 días, desde la validación de códigos, o hasta el 31 de marzo de 2026, lo que se cumpla antes.

MAD se reserva el derecho a ampliar dichas fechas.

Auxiliar de Carretera de la Diputación Provincial de Burgos

Septiembre, 2024

Auxiliar de Carretera de la Diputación Provincial de Burgos

Test del temario

Autores

TERESA MARÍA TORRES FONSECA
LICENCIADA EN DERECHO

ROBERTO SALAMANCA CRIADO
LICENCIADO EN DERECHO

LIDIA MARINA PONCE MARTÍNEZ
LICENCIADA EN PSICOLOGÍA
MÁSTER EN TERAPIA FAMILIAR Y DE SISTEMAS

JUAN CARLOS COSTA PÉREZ
INGENIERO DE MONTES
FUNCIONARIO TÉCNICO DE LA ADMINISTRACIÓN PÚBLICA

© 7 Editores Recursos para la Cualificación Profesional y el Empleo, S.L. (7 Editores)
© Los autores
Primera edición, septiembre 2024 (174 páginas)
Derechos de edición reservados a favor de 7 Editores
IMPRESO EN ESPAÑA
Diseño Portada: 7 Editores
Edita: 7 Editores
Avda. San Francisco Javier, 9 · Edificio Sevilla 2 · Planta 11 · Módulos 25-27 · 41018 Sevilla
Teléfono: 954 784 411 · WEB: www.mad.es · e-mail: administracion@7editores.com
ISBN: 978-84-142-8671-5
© "Editorial Mad" y "Eduforma" son nombres comerciales registrados de
7 Editores Recursos para la Cualificación Profesional y el Empleo, S.L.

Índice

MATERIAS COMUNES

GRUPO I

TEST N.º 1

**La Constitución Española de 1978. Características y estructura.
Derechos y deberes fundamentales. Garantías y suspensión**

1. ¿En qué se fundamenta la Constitución Española?

a) En un Estado social y democrático de Derecho.
b) En la indisoluble unidad de la Nación española.
c) En la independencia de los poderes del Estado.
d) En la organización territorial del Estado.

2. Según el artículo 3 de la CE, el castellano es la lengua oficial del Estado y todos los españoles:

a) Tienen el deber de usar y el derecho de conocer el castellano.
b) Tienen el derecho y el deber de conocer el castellano.
c) Tienen el deber de conocer y el derecho de usar el castellano.
d) Tienen el derecho de conocer y usar el castellano.

3. La Constitución Española reconoce y garantiza el derecho a la autonomía:

a) De las nacionalidades que la integran.
b) De las regiones que la integran.
c) De las Comunidades Autónomas que la integran.
d) De las nacionalidades y regiones que la integran.

4. El Preámbulo de la Constitución:

a) Tiene en sí carácter de norma jurídica.
b) Es una declaración de intenciones, destinada a interpretar lo que se quiere alcanzar con el contenido normativo de la Constitución.

c) Se trata de un texto sin fuerza jurídica de obligar.
d) Las respuestas b) y c) son correctas.

5. Señala la respuesta correcta, respecto de la aprobación, ratificación y publicación de la Constitución Española:

a) Aprobada por las Cortes el 31 de octubre de 1978, ratificada por el pueblo en referéndum el 6 de diciembre de 1978 y publicada el 29 de diciembre de 1978.
b) Aprobada por las Cortes el 30 de octubre de 1978, ratificada por el pueblo en referéndum el 16 de diciembre de 1978 y publicada el 27 de diciembre de 1978.
c) Aprobada por las Cortes el 31 de octubre de 1978, ratificada por el pueblo en referéndum el 16 de diciembre de 1978 y publicada el 29 de diciembre de 1978.
d) Aprobada por las Cortes el 10 de octubre de 1978, ratificada por el pueblo en referéndum el 26 de diciembre de 1978 y publicada el 30 de diciembre de 1978.

6. ¿En qué parte de la Carta Magna se establece la exposición de motivos que impulsan la norma constitucional y los objetivos que con ella se pretenden alcanzar?

a) En el Título Preliminar.
b) En el Preámbulo.
c) En el Título I.
d) En el Título II.

7. La Constitución Española fue sancionada por:

a) El Rey.
b) El Presidente del Congreso.
c) Las Cortes Generales.
d) El Presidente del Gobierno.

8. ¿Cuáles de los siguientes españoles de origen pueden ser privados de su nacionalidad?

a) Exclusivamente los miembros de grupos terroristas.
b) Los miembros de grupos terroristas y los que atenten contra el Rey u otro miembro de la Casa Real.
c) Los que atenten contra un miembro de la Familia Real o del Gobierno de la Nación.
d) Ningún español de origen podrá ser privado de su nacionalidad.

9. Según la CE son fundamentos del orden político y la paz social:

a) La dignidad de la persona, los derechos violables que les son inherentes y el respeto a la ley.
b) La dignidad de la persona, el desarrollo limitado de la personalidad y el respeto a la ley.

c) El respeto a la ley, a los reglamentos administrativos y demás disposiciones legales.
d) La dignidad de la persona, los derechos inviolables que le son inherentes, el libre desarrollo de su personalidad, el respeto a la ley y a los derechos de los demás.

10. ¿Cuál de los siguientes es considerado por la CE como uno de los valores superiores del ordenamiento jurídico?

a) La jerarquía normativa.
b) El pluralismo político.
c) La publicidad normativa.
d) La equidad.

11. La forma política del Estado español es:

a) Democracia parlamentaria.
b) Gobierno parlamentario.
c) Monarquía parlamentaria.
d) República democrática.

12. La parte de la CE que regula la estructura de los principales órganos del Estado recibe el nombre de:

a) Parte dogmática.
b) Parte orgánica.
c) Parte estatal.
d) Parte estructural.

13. Según la CE, la soberanía nacional:

a) Corresponde a las Cortes Generales, al estar compuestas por los representantes del pueblo.
b) Corresponde al Rey.
c) Reside en el pueblo español.
d) Corresponde al Gobierno de la Nación elegido directamente por el pueblo.

14. ¿En qué parte de la Carta Magna se señalan los valores superiores del ordenamiento jurídico?

a) En el Preámbulo.
b) En el Título Preliminar.
c) En el Título I.
d) Ninguna respuesta es correcta.

15. ¿Cuál de las siguientes es una de las características de nuestra Constitución de 1978?

a) Consensuada.
b) Corta.

c) Conservadora.
d) Originalidad.

16. Son el fundamento del orden político y de la paz social:

a) El libre desarrollo de la personalidad.
b) Los derechos inviolables que les son inherentes.
c) El respeto a la ley y a los derechos de los demás.
d) Todas las respuestas son correctas.

17. ¿Qué quedará excluido de extradición?

a) Los delitos criminales.
b) Los delitos políticos.
c) Los actos de terrorismo.
d) Ninguno.

18. ¿Qué debe ser democrático, a tenor de lo dispuesto en la Constitución Española, en los sindicatos de trabajadores y las asociaciones empresariales?

a) Su funcionamiento.
b) Su estructura interna.
c) Su funcionamiento y estructura interna.
d) Sus órganos asamblearios.

19. ¿De cuántos Capítulos consta el Título I de la CE de 1978?

a) De tres.
b) De cinco.
c) De dos.
d) De cuatro.

20. El derecho a la propiedad en nuestra Constitución es un Derecho:

a) Inherente a la condición humana.
b) Absoluto.
c) Que está limitado por la función social de la misma.
d) Ninguna de las respuestas anteriores es correcta.

21. Dispone la Carta Magna que todos contribuirán al sostenimiento de los gastos públicos de acuerdo con su capacidad económica mediante un sistema tributario justo inspirado en los principios de:

a) Legalidad y equidad.
b) Igualdad y progresividad.

c) Publicidad y legalidad.
d) Eficacia y sostenibilidad.

22. En virtud del principio de progresividad tributaria:

a) Se implantarán paulatinamente cada vez mayores tributos.
b) Los tipos impositivos serán regresivos.
c) Prima el principio de igualdad en el pago de los tributos.
d) Nada de lo expuesto es cierto.

23. Según la Constitución, el Estado es:

a) Apolítico.
b) Aconfesional.
c) De bienestar social.
d) Federal.

24. El derecho a la vida se consagra en el siguiente artículo de la Constitución:

a) 10.
b) 16.
c) 15.
d) 24.

25. La pena de muerte en España:

a) Ha quedado abolida.
b) Puede aplicarse en cualquier momento.
c) Solo se aplicará, en tiempo de guerra, a los militares.
d) Rige solo en el ámbito civil.

26. La inmediata puesta a disposición judicial derivada del habeas corpus, se produce por:

a) Detención ilegal.
b) Prisión ilegal.
c) Prisión preventiva.
d) Detención preventiva.

27. El proceso en el que se enjuicie a un presunto delincuente debe:

a) Ser sumario.
b) No dilatarse.
c) Entorpecer los instrumentos probatorios.
d) Nada de lo anterior es cierto.

28. La entrada en un domicilio en caso de flagrante delito, sin autorización de su titular:

a) Puede dar lugar a la aplicación del habeas corpus.
b) Requiere autorización previa de la autoridad judicial.
c) Puede efectuarse en todo momento.
d) No puede realizarse en momento alguno.

29. Cuando, al conocerse la comisión de un delito por una persona, se acude a su domicilio para detenerla:

a) Está obligada a franquear la entrada.
b) Se necesitará autorización judicial para entrar, si no da su consentimiento para ello.
c) Pese a que no dé su consentimiento, se puede entrar.
d) Nada de lo anterior es correcto.

30. La autorización previa para celebrar una manifestación pública:

a) La da el Subdelegado del Gobierno en la Provincia.
b) Es ineludible.
c) Sería inconstitucional.
d) Se da cuando no se prevean alteraciones al orden público, con peligro para personas o bienes.

31. El tipo de sufragio que consagra la Constitución es el:

a) Proporcional.
b) Universal.
c) Censitario.
d) Las respuestas a) y b) son correctas.

32. Además de la no autoinculpación, la Constitución prevé que no se está obligado a declarar sobre un hecho presuntamente delictivo en caso de:

a) Parentesco y afinidad.
b) Cláusula de conciencia.
c) Secreto profesional.
d) Las respuestas a) y b) son correctas.

33. Los Tribunales de Honor están prohibidos respecto de los/la/las:

a) Sindicatos y Organizaciones Profesionales.
b) Administración Civil y Militar.

c) Organizaciones Profesionales y la Administración Civil.
d) Todas las respuestas anteriores son correctas.

34. El secreto profesional, constitucionalmente, sirve para:

a) Ejercer con libertad una profesión titulada.
b) La libertad de creación científica y técnica.
c) No declarar sobre hechos presuntamente delictivos.
d) Todo lo anterior.

35. La fundación de una Internacional Sindical por un sindicato español:

a) Es libre.
b) Está prohibida.
c) Debe plasmarse en un Tratado Internacional.
d) Nada de lo anterior es cierto.

36. El ejercicio del derecho de petición a través de una manifestación ciudadana:

a) No se admite.
b) Se admite en algún caso.
c) Se admite, salvo para los militares.
d) Ni se admite ni se prohíbe.

37. Nuestro sistema tributario ha de ser:

a) Regresivo e igualitario.
b) Progresivo y generalizado.
c) Confiscatorio.
d) Justo y regresivo.

38. Las Fundaciones son:

a) Entidades constituidas para fines de interés general.
b) Administración Corporativa.
c) Entidades privadas con fines de carácter también privado.
d) Asociaciones de personas para conseguir fines de interés general.

39. La asistencia de todo orden a los hijos habidos extraconyugalmente:

a) No está prevista en la Constitución.
b) Es un deber de los padres.
c) Se dispensará por Instituciones de Beneficencia.
d) Se dispensa solo a los que de ellos tengan discapacidad.

40. La especulación urbanística, según la Constitución:

a) Debe evitarse.
b) Está permitida.
c) Genera plusvalías para la colectividad.
d) Pueden hacerla los poderes públicos.

41. No es susceptible de recurso de amparo el derecho a la/de:

a) Sindicación.
b) Investigación científica.
c) Secreto de las comunicaciones.
d) Lo son todos ellos.

42. No es susceptible de recurso de amparo el derecho de:

a) Libertad de cátedra.
b) Negociación colectiva.
c) Manifestación.
d) Huelga.

43. Es susceptible de recurso de amparo el derecho a la/de:

a) Libre sindicación.
b) Petición.
c) Cláusula de conciencia.
d) Lo están todos ellos.

44. Una vez declarado el estado de excepción no se puede suspender el derecho/ libertad de:

a) Huelga.
b) Enseñanza.
c) Adopción de medidas de conflicto colectivo.
d) Libertad de circulación.

45. Durante el estado de excepción, un detenido conserva el derecho de/a:

a) Setenta y dos horas para ser puesto a disposición judicial.
b) Secreto de comunicaciones.
c) Asistencia de Letrado.
d) Ninguno de ellos.

46. Se puede suspender, con motivo de investigaciones relativas a bandas arma-das, el derecho de:

a) Huelga.
b) Inviolabilidad del domicilio.
c) Libertad de circulación.
d) Las respuestas b) y c) son correctas.

47. Nuestra Constitución trata de los derechos y deberes fundamentales de los españoles en su Título I, denominado:

a) De los derechos y deberes fundamentales.
b) De los deberes de los españoles.
c) De los derechos de los españoles.
d) De los derechos y deberes principales de los españoles.

48. ¿En qué artículos de nuestra CE se recogen los derechos fundamentales y de las libertades públicas?

a) En los artículos 10 a 43.
b) En los artículos 25 a 38.
c) En los artículos 31 a 45.
d) En los artículos 15 a 29.

Solución al test n.º 1

1. b) En la indisoluble unidad de la Nación española.

2. c) Tienen el deber de conocer y el derecho de usar el castellano.

3. d) De las nacionalidades y regiones que la integran.

4. d) Las respuestas b) y c) son correctas.

5. a) Aprobada por las Cortes el 31 de octubre de 1978, ratificada por el pueblo en referéndum el 6 de diciembre de 1978 y publicada el 29 de diciembre de 1978.

6. b) En el Preámbulo.

7. a) El Rey.

8. d) Ningún español de origen podrá ser privado de su nacionalidad.

9. d) La dignidad de la persona, los derechos inviolables que le son inherentes, el libre desarrollo de su personalidad, el respeto a la ley y a los derechos de los demás.

10. b) El pluralismo político.

11. c) Monarquía parlamentaria.

12. b) Parte orgánica.

13. c) Reside en el pueblo español.

14. b) En el Título Preliminar.

15. a) Consensuada.

16. d) Todas las respuestas son correctas.

17. b) Los delitos políticos.

18. c) Su funcionamiento y estructura interna.

19. b) De cinco.

20. c) Que está limitado por la función social de la misma.

21. b) Igualdad y progresividad.

22. d) Nada de lo expuesto es cierto.

23. b) Aconfesional.

24. c) 15.

25. a) Ha quedado abolida.

26. a) Detención ilegal.

27. b) No dilatarse.

28. c) Puede efectuarse en todo momento.

29. b) Se necesitará autorización judicial para entrar, si no da su consentimiento para ello.

30. c) Sería inconstitucional.

31. b) Universal.

32. c) Secreto profesional.

33. c) Organizaciones Profesionales y la Administración Civil.

34. c) No declarar sobre hechos presuntamente delictivos.

35. a) Es libre.

36. a) No se admite.

37. b) Progresivo y generalizado.

38. a) Entidades constituidas para fines de interés general.

39. b) Es un deber de los padres.

40. a) Debe evitarse.

41. b) Investigación científica.

42. b) Negociación colectiva.

43. d) Lo están todos ellos.

44. b) Enseñanza.

45. c) Asistencia de Letrado.

46. b) Inviolabilidad del domicilio.

47. a) De los derechos y deberes fundamentales.

48. d) En los artículos 15 a 29.

TEST N.º 2

La organización territorial del Estado. Las Comunidades Autónomas. Las Entidades Locales. La Provincia: organización y competencias

1. No pueden constituirse en Comunidades Autónomas los territorios:

a) Que no estén integrados en la organización provincial.
b) Que, no siendo superiores a una Provincia, tengan entidad regional histórica.
c) Que, no siendo superiores a una Provincia, no tengan entidad regional histórica.
d) Interinsulares.

2. La vía ordinaria de acceso a la autonomía por el artículo 143 de la Constitución se sigue por los/las:

a) Provincias con entidad regional histórica.
b) Territorios que en el pasado hubieren plebiscitado afirmativamente proyecto de Estatuto de Autonomía.
c) Provincia sin entidad regional histórica directamente.
d) Supuestos especiales de Ceuta, Melilla y Gibraltar.

3. Entre las determinaciones de los Estatutos de Autonomía no es necesario incluir la:

a) Delimitación de su territorio.
b) Denominación de las instituciones autónomas propias.
c) Denominación de la Comunidad.
d) Denominación, organización y sede de sus instituciones administrativas.

4. En las Comunidades Autónomas que siguen la vía común, el Proyecto de Estatuto será elaborado por la/los:

a) Asamblea de Parlamentarios que se constituye al efecto.
b) Comisión Constitucional del Congreso de los Diputados.
c) Diputación Provincial correspondiente.
d) Miembros de la Diputación u órgano interinsular y por los Diputados y Senadores elegidos por ellas.

5. El voto de ratificación por los Plenos del Senado y del Congreso de los Diputados se dará en el/las:

a) Comunidades Autónomas que siguen la vía común.
b) Comunidades Autónomas que siguen la vía especial.
c) Acceso a la autonomía de Ceuta y Melilla.
d) Acceso a la autonomía de Gibraltar.

6. La responsabilidad política del Presidente de una Comunidad Autónoma se exige por el/la:

a) Sala de lo Penal del Tribunal Supremo.
b) Congreso de los Diputados.
c) Tribunal Superior de Justicia de la Comunidad Autónoma.
d) Asamblea Legislativa de la Comunidad Autónoma.

7. La Asamblea Legislativa de las Comunidades Autónomas se elige:

a) Con criterios de representación territorial.
b) Con criterios de representación proporcional.
c) Por sufragio individual.
d) Con criterios de representación provincial.

8. Con el fin de corregir los desequilibrios económicos interterritoriales y hacer efectivo el principio de solidaridad, se constituye:

a) El Fondo de Compensación Interterritorial.
b) El Comité Económico Interterritorial.
c) El Consejo de Política Fiscal y Financiera.
d) El FASI.

9. Los Estatutos de Autonomía deberán contener el/la/las:

a) Competencias que se dejan al Estado y las que asume la Comunidad.
b) Competencias que, en función de la Constitución, asume cada Comunidad Autónoma.
c) Desarrollo de la Administración Autonómica.
d) División provincial y órganos de gobierno.

10. En la reforma de los Estatutos intervienen las Cortes Generales:

a) Siempre.
b) Nunca.
c) Solo cuanto se trata de Comunidades Autónomas que accedieron por la vía común.
d) En las Comunidades Autónomas de vía especial exclusivamente.

11. Los miembros de las Diputaciones u órganos interinsulares intervienen en la elaboración de los Estatutos de Autonomía:

a) En todo caso.
b) Nunca.
c) En las Comunidades Autónomas de vía común.
d) En las Comunidades Autónomas de vía especial.

12. Los Estatutos de Autonomía en la vía común se aprueban por el:

a) Congreso de los Diputados mediante ley orgánica.
b) Congreso de los Diputados y Senado por ley orgánica.
c) Congreso de los Diputados y Senado por ley ordinaria.
d) Parlamento Autonómico solamente.

13. La más alta representación de una Comunidad Autónoma la ostenta el:

a) Presidente del Parlamento Autonómico.
b) Presidente de la Comunidad Autónoma.
c) Rey.
d) Presidente del Gobierno de la Nación.

14. La asunción de competencias y de mayor autonomía por las Comunidades Autónomas es, como regla general:

a) Regresiva.
b) Progresiva.
c) Automática.
d) Inmediata.

15. En la elaboración por la vía común de los Estatutos de Autonomía:

a) No intervienen los Municipios afectados.
b) Intervendrán en todo caso.
c) Solo intervienen las Diputaciones Provinciales u órganos interinsulares.
d) Solo intervienen los Municipios y los Diputados y Senadores.

16. El principio de solidaridad consagrado por el artículo 138 de la Constitución exige una atención especial a:

a) Las Comunidades Autónomas de economía más deprimida.
b) Las Entidades de ámbito territorial inferior al municipal.
c) Todas las partes del territorio nacional.
d) Las Islas.

17. La federación de Comunidades Autónomas, según la Constitución:

a) Solo se permite respecto de las limítrofes.
b) Requiere Ley Orgánica de las Cortes Generales.
c) Ha de efectuarse previa reforma de la propia Constitución.
d) Está absolutamente prohibida.

18. Las Provincias podrán realizar:

a) La gestión ordinaria de servicios propios de la Administración Autonómica.
b) La gestión ordinaria de servicios propios de la Administración Estatal.
c) La gestión ordinaria de servicios propios de la comarcas.
d) Todas las respuestas son falsas.

19. Son competencias propias de la Diputación:

a) Cementerios y actividades funerarias.
b) Promoción del deporte e instalaciones deportivas y de ocupación del tiempo libre.
c) Tráfico, estacionamiento de vehículos y movilidad.
d) La prestación de los servicios de administración electrónica y la contratación centralizada en los municipios con población inferior a 20.000 habitantes.

20. No es una competencia de la Diputación:

a) La prestación de servicios públicos de carácter supramunicipal.
b) La coordinación de los servicios municipales entre sí.
c) La asistencia y cooperación jurídica, económica y técnica a los Municipios.
d) Policía local, protección civil, prevención y extinción de incendios.

21. Según la Constitución, a la Provincia sólo la pueden gobernar y administrar autónomamente los/las:

a) Diputaciones.
b) Plenos de las mismas.
c) Presidentes.
d) Diputaciones u otro tipo de Corporaciones representativas.

22. Señala cuál de las siguientes no es una potestad o prerrogativa de una Entidad Local:

a) Tributaria y financiera.
b) La embargabilidad de sus bienes y derechos en los términos previstos en las leyes.
c) De ejecución forzosa y sancionadora.
d) Expropiatoria y de investigación.

23. La alteración de los límites provinciales se efectuará por:

a) Ley de la Asamblea Legislativa de la Comunidad Autónoma respectiva.
b) Ley Orgánica de las Cortes Generales.
c) Acuerdo del Consejo de Ministros.
d) Acuerdo del Consejo de Gobierno de la Comunidad Autónoma correspondiente.

24. La personalidad jurídica de las Provincias se califica por la ley de:

a) Plena.
b) Propia.
c) Depende del Ente que las crea.
d) No la tienen.

25. Son órganos necesarios de toda Diputación Provincial el:

a) Pleno, el Presidente y los Vicepresidentes.
b) Presidente, los Vicepresidentes en su caso, el Pleno y la Junta de Gobierno.
c) Pleno, el Presidente, los Vicepresidentes y la Junta de Gobierno en todo caso.
d) Pleno, el Presidente, los Vicepresidentes y la Junta de Gobierno cuando así lo apruebe el Pleno.

26. No es un órgano necesario en una Diputación el/la/los:

a) Comisión Especial de Cuentas.
b) Pleno.
c) Diputados Delegados.
d) Vicepresidentes.

27. Entre los órganos complementarios de las Diputaciones no se encuentran los/las:

a) Juntas Sectoriales.
b) Comisiones Informativas.
c) Comisión Especial de Cuentas.
d) Diputados Delegados.

28. El art 141 de la Constitución española define la provincia como:

a) Entidad Local con personalidad jurídica propia, determinada por la agrupación de municipios y división territorial para el cumplimiento de sus fines. Cualquier alteración de los límites provinciales habrá de ser aprobada mediante Ley.
b) Entidad Local con personalidad jurídica propia, determinada por la agrupación de municipios y división territorial para el cumplimiento de las actividades del Estado. Cualquier alteración de los límites provinciales habrá de ser aprobada mediante Ley orgánica.

c) Entidad Local con personalidad jurídica propia, determinada por la agrupación de municipios y división territorial para el cumplimiento de las actividades del Estado y de las CCAA. Cualquier alteración de los límites provinciales habrá de ser aprobada mediante Ley orgánica.

d) Ninguna es correcta.

29. No es competencia propia de la Diputación Provincial de acuerdo con la ley de bases de régimen local:

a) La prestación de los servicios de administración electrónica y la contratación centralizada en los municipios con población inferior a 20.000 habitantes.

b) La coordinación mediante convenio, con la Comunidad Autónoma respectiva, de la prestación del servicio de mantenimiento de los consultorios médicos en los municipios con población inferior a 20.000 habitantes.

c) Asistencia en la prestación de los servicios de gestión de la recaudación tributaria, en periodo voluntario y ejecutivo.

d) Todas son correctas.

30. ¿Puede el Estado delegar en las Diputaciones competencias de mera ejecución cuando el ámbito provincial sea el más idóneo para la prestación de los correspondientes servicios?

a) No, en ningún caso.

b) Sí, a propuesta de la Comunidad Autónoma interesada.

c) Sí, previo informe del Ministerio competente en materia territorial.

d) Sí, previa consulta e informe de la Comunidad Autónoma interesada.

31. De los servicios siguientes, cuáles se consideran obligatorios para los municipios con población superior a 20000 habitantes:

a) Evaluación e información de situaciones de necesidad social.

b) Transporte colectivo urbano de viajeros.

c) Medio ambiente urbano.

d) Todas son correctas.

32. Señala cuál de las siguientes afirmaciones es incorrecta, de acuerdo con el artículo 15 de la LRL:

a) Toda persona que viva en España está obligada a inscribirse en el Padrón del municipio en el que resida habitualmente. Quien viva en varios municipios podrá elegir según su criterio, en cuál de ellos inscribirse.

b) El conjunto de personas inscritas en el Padrón municipal constituye la población del municipio y adquieren la condición de vecino en el mismo momento de su inscripción en el Padrón.

c) Los inscritos en el Padrón municipal son los vecinos del municipio.

d) Todas son incorrectas.

33. La creación o supresión de Municipios, así como la alteración de términos municipales:

a) Se regularán por la legislación de las Comunidades Autónomas sobre régimen local.

b) Se regularán por la legislación estatal básica sobre régimen local.

c) Se regularán por la legislación estatal básica sobre régimen local, y supletoriamente por la legislación de las Comunidades Autónomas.

d) Se establecerán mediante Ordenanza Municipal.

34. Son derechos y deberes de los vecinos (señala la incorrecta):

a) Utilizar, de acuerdo con su naturaleza, los servicios públicos municipales, y acceder a los aprovechamientos comunales, conforme a las normas aplicables.

b) Ser informado, previa petición razonada, y dirigir solicitudes a la Administración municipal en relación a todos los expedientes y documentación municipal, de acuerdo con lo previsto en el artículo 105 de la Constitución.

c) Contribuir mediante las prestaciones económicas y personales legalmente previstas a la realización de las competencias municipales.

d) Proponer la prestación y, en su caso, el establecimiento del correspondiente servicio público, en el supuesto de constituir una competencia municipal delegada de carácter obligatorio.

Solución al test n.º 2

1. d) Interinsulares.

2. a) Provincias con entidad regional histórica.

3. d) Denominación, organización y sede de sus instituciones administrativas.

4. d) Miembros de la Diputación u órgano interinsular y por los Diputados y Senadores elegidos por ellas.

5. b) Comunidades Autónomas que siguen la vía especial.

6. d) Asamblea Legislativa de la Comunidad Autónoma.

7. b) Con criterios de representación proporcional.

8. a) El Fondo de Compensación Interterritorial.

9. b) Competencias que, en función de la Constitución, asume cada Comunidad Autónoma.

10. a) Siempre.

11. c) En las Comunidades Autónomas de vía común.

12. b) Congreso de los Diputados y Senado por ley orgánica.

13. b) Presidente de la Comunidad Autónoma.

14. b) Progresiva.

15. a) No intervienen los Municipios afectados.

16. d) Las Islas.

17. d) Está absolutamente prohibida.

18. a) La gestión ordinaria de servicios propios de la Administración Autonómica.

19. d) La prestación de los servicios de administración electrónica y la contratación centralizada en los municipios con población inferior a 20.000 habitantes.

20. d) Policía local, protección civil, prevención y extinción de incendios.

21. d) Diputaciones u otro tipo de Corporaciones representativas.

22. b) La embargabilidad de sus bienes y derechos en los términos previstos en las leyes.

23. b) Ley Orgánica de las Cortes Generales.

24. b) Propia.

25. c) Pleno, el Presidente, los Vicepresidentes y la Junta de Gobierno en todo caso.

26. c) Diputados Delegados.

27. a) Juntas Sectoriales.

28. b) Entidad Local con personalidad jurídica propia, determinada por la agrupación de municipios y división territorial para el cumplimiento de las actividades del Estado. Cualquier alteración de los límites provinciales habrá de ser aprobada mediante Ley orgánica.

29. b) La coordinación mediante convenio, con la Comunidad Autónoma respectiva, de la prestación del servicio de mantenimiento de los consultorios médicos en los municipios con población inferior a 20.000 habitantes.

30. d) Sí, previa consulta e informe de la Comunidad Autónoma interesada.

31. a) Evaluación e información de situaciones de necesidad social.

32. a) Toda persona que viva en España está obligada a inscribirse en el Padrón del municipio en el que resida habitualmente. Quien viva en varios municipios podrá elegir según su criterio, en cuál de ellos inscribirse.

33. a) Se regularán por la legislación de las Comunidades Autónomas sobre régimen local.

34. d) Proponer la prestación y, en su caso, el establecimiento del correspondiente servicio público, en el supuesto de constituir una competencia municipal delegada de carácter obligatorio.

TEST N.º 3

Personal al servicio de las Administraciones Públicas. Clases. Derechos y deberes. Régimen disciplinario. Principio de igualdad en el empleo público

1. ¿A qué dos principios ha de atender la designación del personal directivo profesional de las Administraciones Públicas?

a) Publicidad y concurrencia.
b) Legalidad e igualdad.
c) Capacidad y mérito.
d) Idoneidad y transparencia.

2. ¿Cómo se denomina al personal que, en virtud de nombramiento y con carácter no permanente, solo realiza funciones expresamente calificadas como de confianza o asesoramiento especial, siendo retribuido con cargo a los créditos presupuestarios consignados para este fin?

a) Personal Laboral.
b) Personal Eventual.
c) Funcionarios interinos.
d) Funcionarios de carrera.

3. Señala la respuesta incorrecta respecto al personal eventual:

a) Su nombramiento y cese serán libres.
b) La condición de personal eventual podrá constituir mérito para el acceso a la Función Pública.
c) Su cese tendrá lugar, en todo caso, cuando se produzca el de la autoridad a la que se preste la función de confianza o asesoramiento.
d) Le será aplicable, en lo que sea adecuado a la naturaleza de su condición, el régimen general de los funcionarios de carrera.

4. Los titulares de la Secretaría-Intervención ejercerán sus funciones en las Secretarías de clase tercera, es decir, de Ayuntamientos de Municipios:

a) Con población inferior a 5.001 habitantes y cuyo Presupuesto no exceda de 3.010.060 euros.

b) Con población inferior a 3.001 habitantes y cuyo Presupuesto no exceda de 2.999.000 euros.

c) Con población inferior a 2.501 habitantes y cuyo Presupuesto no exceda de 1.500.060 euros.

d) Con población inferior a 1.001 habitantes y cuyo Presupuesto no exceda de 1.010.060 euros

5. ¿A qué Subescala pertenecen los funcionarios que realicen tareas administrativas, normalmente de trámite y colaboración?

a) A la Subescala Técnica de Administración General.
b) A la Subescala de Gestión de Administración General.
c) A la Subescala Administrativa de Administración General.
d) A la Subescala Auxiliar de Administración General.

6. No se rigen por el Derecho Administrativo el/los:

a) Funcionarios.
b) Laborales.
c) Personal Eventual.
d) Interinos.

7. Los puestos de confianza o asesoramiento especial se suelen reservar al/a los:

a) Políticos.
b) Personal Eventual.
c) Personal Laboral.
d) Funcionarios.

8. Junto a los principios de igualdad, mérito y capacidad, en la selección de los funcionarios, se debe seguir el de:

a) Imparcialidad.
b) Publicidad.
c) Profesionalidad.
d) Concurrencia.

9. El Texto Refundido de la Ley del Estatuto Básico del Empleado Público se aprobó por:

a) Real Decreto Legislativo 12/2007, de 13 de marzo.
b) Real Decreto Legislativo 5/2012, de 13 de mayo.

c) Real Decreto Legislativo 5/2015, de 30 de octubre.
d) Real Decreto Legislativo 3/2015, de 14 de abril.

10. La constitución del Registro de Personal:

a) Se efectúa a nivel estatal.
b) Es facultativa para las Corporaciones Locales.
c) Es obligatoria para las Corporaciones Locales.
d) Se supedita a la voluntad de la correspondiente Comunidad Autónoma.

11. ¿Cuál es la norma vigente por la que se regula el régimen jurídico de los funcionarios de Administración Local con habilitación de carácter nacional?

a) La Ley 5/2008, de 29 de octubre.
b) El Real Decreto 1174/1987, de 18 de septiembre.
c) El Real Decreto 128/2018, de 16 de marzo.
d) La Ley 34/2016, de 3 de abril.

12. ¿En qué clase se encuadrarían las Secretarías de Ayuntamientos de municipios cuyas poblaciones están comprendidas entre 5.001 y 20.000 habitantes?

a) Clase primera.
b) Clase segunda.
c) Clase tercera.
d) Clase cuarta.

13. Como regla general, en las Entidades Locales cuya Secretaría esté clasificada en clase tercera, las funciones propias de la Intervención:

a) No se llevarán a cabo dichas funciones, que las desempeñará el Interventor de la Diputación Provincial respectivo.
b) Existirán dos puestos de trabajo denominados Intervención Municipal.
c) Existirá un puesto de trabajo denominado Intervención.
d) Formarán parte del contenido del puesto de trabajo de Secretaría.

14. Pertenece a la Subescala de Servicios Especiales un:

a) Ingeniero Industrial al servicio de una Corporación Local.
b) Técnico de Administración General.
c) Suboficial del Servicio de Extinción de Incendios.
d) Contratado laboralmente.

15. El Estatuto Básico del Empleado Público:

a) Se aplica por igual al personal funcionario y al personal laboral.
b) Se aplica al personal funcionario pero no al personal laboral.

c) Se aplica al personal funcionario y en lo que proceda al personal laboral.

d) Se aplica al personal laboral y en lo que proceda al personal funcionario.

16. ¿Cuál de los siguientes términos abarca a todos los sujetos que de forma voluntaria prestan servicios remunerados por cuenta y bajo la dependencia de la Administración Pública como empleadora?

a) Personal funcionario.

b) Personal laboral.

c) Personal estatutario.

d) Empleado público.

17. ¿De qué forma se aprobó la vigente Ley del Estatuto Básico del Empleado Público?

a) Por una Ley Orgánica.

b) Mediante un Texto Refundido.

c) Mediante una Ley de Bases.

d) Por un Real Decreto-Ley.

18. El empleo en el sector público se caracteriza por estar configurado por un modelo:

a) Unitario de personal funcionario.

b) Unitario de personal estatutario.

c) Dual de regímenes jurídicos, personal funcionario y personal laboral.

d) De tres regímenes jurídicos, personal funcionario, personal laboral y personal de designación.

19. El vigente Estatuto Básico del Empleado Público tiene por objeto:

a) Establecer las bases del personal laboral incluido en su ámbito de aplicación y determinar las normas aplicables al personal funcionario al servicio de las Administraciones Públicas.

b) Establecer las bases del régimen estatutario de los funcionarios públicos y del personal laboral incluidos en su ámbito de aplicación y determinar las normas que les son aplicables.

c) Establecer las normas aplicables al personal funcionario y laboral al servicio de las Administraciones Públicas.

d) Establecer las bases del régimen estatutario de los funcionarios públicos incluidos en su ámbito de aplicación y determinar las normas aplicables al personal laboral al servicio de las Administraciones Públicas.

20. Los funcionarios interinos serán nombrados por razones expresamente justificadas de necesidad y:

a) Economía.

b) Eficacia.

c) Urgencia.
d) Calidad.

21. El número de puestos cubiertos por personal eventual en la Administración de Castilla y León:

a) Es indefinido e ilimitado.
b) Está limitado por un máximo establecido por la Junta de Castilla y León.
c) Está limitado a tres por cada órgano superior de la Administración autonómica.
d) No puede hacerse público, puesto que se trata de personal de confianza.

22. A tenor del artículo 57 de la Ley 7/2005, los funcionarios públicos de la Administración de Castilla y León tienen derecho:

a) Al mantenimiento de su condición funcionarial.
b) A la formación continua y a la actualización permanente de sus conocimientos y capacidades profesionales, preferentemente fuera del horario laboral.
c) A la libertad de expresión, sin restricción alguna.
d) A participar en la consecución de los objetivos atribuidos a la unidad donde preste sus servicios y a ser consultado por sus superiores por las tareas a desarrollar.

23. ¿De cuánto tiempo disfrutarán los empleados públicos por traslado de domicilio sin cambio de residencia?

a) De dos días.
b) De un día.
c) De dos horas.
d) De un máximo de seis horas.

24. Señala la respuesta incorrecta respecto de los derechos de los funcionarios públicos:

a) Por razones de guarda legal, cuando el funcionario tenga el cuidado directo de algún menor de doce años, de persona mayor que requiera especial dedicación, o de una persona con discapacidad que no desempeñe actividad retribuida, tendrá derecho a la reducción de su jornada de trabajo, sin disminución de sus retribuciones.
b) Por lactancia de un hijo menor de doce meses, la funcionaria tendrá derecho a una hora de ausencia del trabajo que podrá dividir en dos fracciones.
c) Por nacimiento de hijos prematuros o que por cualquier otra causa deban permanecer hospitalizados a continuación del parto, la funcionaria o el funcionario tendrá derecho a ausentarse del trabajo durante un máximo de dos horas diarias percibiendo las retribuciones íntegras.
d) La funcionaria podrá solicitar la sustitución del tiempo de lactancia por un permiso retribuido que acumule en jornadas completas el tiempo correspondiente.

25. Por ser preciso atender el cuidado de un familiar de primer grado, el funcionario tendrá derecho a solicitar una reducción de:

a) Hasta el cincuenta por ciento de la jornada laboral, con carácter retribuido, por razones de enfermedad grave o muy grave y por el plazo máximo de tres meses.

b) Hasta el setenta por ciento de la jornada laboral, con carácter retribuido, por razones de enfermedad grave o muy grave y por el plazo máximo de un mes.

c) Hasta el cincuenta por ciento de la jornada laboral, con carácter retribuido, por razones de enfermedad muy grave y por el plazo máximo de un mes.

d) Hasta el setenta por ciento de la jornada laboral, con carácter retribuido, por razones de enfermedad muy grave y por el plazo máximo de un mes.

26. Los funcionarios públicos tendrán derecho a disfrutar, durante cada año natural, de unas vacaciones retribuidas de:

a) Veinte días hábiles, o de los días que correspondan proporcionalmente si el tiempo de servicio durante el año fue menor.

b) Veintidós días hábiles, o de los días que correspondan proporcionalmente si el tiempo de servicio durante el año fue menor.

c) Veintiséis días hábiles, o de los días que correspondan proporcionalmente si el tiempo de servicio durante el año fue menor.

d) Treinta días hábiles, o de los días que correspondan proporcionalmente si el tiempo de servicio durante el año fue menor.

27. Por razón de matrimonio los funcionarios tendrán derecho a una licencia de:

a) Diez días.

b) Un mes.

c) Quince días.

d) Veinte días.

28. ¿Qué Ley regula las incompatibilidades del Personal al Servicio de las Administraciones Públicas?

a) Ley 53/1984, de 26 de diciembre.

b) Ley 84/2003, de 5 de marzo.

c) Ley 34/2008, de 23 de septiembre.

d) Ley 55/1988, de 19 de octubre.

29. ¿Qué retribución corresponde al nivel del puesto de trabajo que se desempeña?

a) El complemento de destino.

b) El complemento de productividad.

c) El complemento específico.

d) El complemento de carrera profesional horizontal.

30. En relación con las funciones desempeñadas, las retribuciones serán acordes con las exigencias, complejidad y:

a) Grado de dedicación.
b) Responsabilidad.
c) Efectividad.
d) Productividad.

31. El personal interino:

a) Percibirá las mismas retribuciones que el personal laboral.
b) Percibirá las retribuciones que legalmente le correspondan, por razón del puesto desempeñado sin que en ningún caso tenga derecho a la consolidación de grado.
c) Únicamente percibirá su retribución de acuerdo con lo que se determine en la Ley de Presupuestos.
d) La cuantía global de sus retribuciones será similar a la que perciba el personal eventual.

32. Se considera falta muy grave de los empleados públicos:

a) El incumplimiento del deber de respeto a la Constitución y a los respectivos Estatutos de Autonomía de las Comunidades Autónomas en el ejercicio de la función pública.
b) El abuso de autoridad en el desempeño de sus funciones.
c) La tolerancia por los superiores jerárquicos de la comisión de faltas muy graves del personal bajo su dependencia.
d) Las acciones u omisiones dirigidas a evadir los sistemas de control de horarios o a impedir que sean detectados los incumplimientos injustificados de la jornada de trabajo.

33. Según el artículo 97 del EBEP, las sanciones impuestas por faltas leves prescribirán:

a) A los 6 meses.
b) Al año.
c) A los 2 años.
d) A los 3 años.

34. Según la Ley 7/2005, se considera falta grave de los empleados públicos:

a) El descuido o negligencia en el ejercicio de sus funciones.
b) La intervención en un procedimiento administrativo existiendo motivos de abstención establecidos legalmente.
c) La incorrección con otros empleados públicos o con los ciudadanos con los que se relacione en el ejercicio de sus funciones.
d) El acoso laboral.

35. Según el EBEP, las faltas disciplinarias muy graves prescriben:

a) Al año.
b) A los 3 años.
c) A los 5 años.
d) No prescriben mientras no se extinga la condición de personal funcionario de carrera.

Solución al test n.º 3

1. c) Capacidad y mérito.

2. b) Personal Eventual.

3. b) La condición de personal eventual podrá constituir mérito para el acceso a la Función Pública.

4. a) Con población inferior a 5.001 habitantes, cuyo Presupuesto no exceda de 3.010.060 euros.

5. c) A la Subescala Administrativa de Administración General.

6. b) Laborales.

7. b) Personal Eventual.

8. b) Publicidad.

9. c) Real Decreto Legislativo 5/2015, de 30 de octubre.

10. c) Es obligatoria para las Corporaciones Locales.

11. c) El Real Decreto 128/2018, de 16 de marzo.

12. b) Clase segunda.

13. d) Formarán parte del contenido del puesto de trabajo de Secretaría.

14. c) Suboficial del Servicio de Extinción de Incendios.

15. c) Se aplica al personal funcionario y en lo que proceda al personal laboral.

16. d) Empleado público.

17. b) Mediante un Texto Refundido.

18. c) Dual de regímenes jurídicos, personal funcionario y personal laboral.

19. d) Establecer las bases del régimen estatutario de los funcionarios públicos incluidos en su ámbito de aplicación y determinar las normas aplicables al personal laboral al servicio de las Administraciones Públicas.

20. c) Urgencia.

21. b) Está limitado por un máximo establecido por la Junta de Castilla y León.

22. a) Al mantenimiento de su condición funcionarial.

23. b) De un día.

24. a) Por razones de guarda legal, cuando el funcionario tenga el cuidado directo de algún menor de doce años, de persona mayor que requiera especial dedicación, o de una persona con discapacidad que no desempeñe actividad retribuida, tendrá derecho a la reducción de su jornada de trabajo, sin disminución de sus retribuciones.

25. c) Hasta el cincuenta por ciento de la jornada laboral, con carácter retribuido, por razones de enfermedad muy grave y por el plazo máximo de un mes.

26. b) Veintidós días hábiles, o de los días que correspondan proporcionalmente si el tiempo de servicio durante el año fue menor.

27. c) Quince días.

28. a) Ley 53/1984, de 26 de diciembre.

29. a) El complemento de destino.

30. b) Responsabilidad.

31. b) Percibirá las retribuciones que legalmente le correspondan, por razón del puesto desempeñado sin que en ningún caso tenga derecho a la consolidación de grado.

32. b) Al año.

33. b) La intervención en un procedimiento administrativo existiendo motivos de abstención establecidos legalmente.

34. b) A los 3 años.

35. a) El incumplimiento del deber de respeto a la Constitución y a los respectivos Estatutos de Autonomía de las Comunidades Autónomas en el ejercicio de la función pública.

TEST N.º 4

El Protocolo de Prevención de la Violencia Ocupacional en la Diputación de Burgos. El Protocolo de Prevención de Acoso en la Diputación de Burgos

1. Según el Instituto Nacional de Seguridad e Higiene en el Trabajo (INSHT), dentro de la violencia laboral se pueden distinguir varis varias situaciones. Señala la respuesta correcta:

a) Acoso personal y acoso discriminatorio.
b) Situaciones de acoso y violencia ocupacional.
c) Violencia laboral y situaciones de acoso.
d) Riesgo laboral psicosocial y violencia en el trabajo.

2. Señala la respuesta incorrecta. Según la Organización Mundial de la Salud (OMS), la violencia en el trabajo está definida como «aquellos incidentes en los que la persona es objeto de malos tratos, amenazas o ataques en circunstancias relacionadas con su trabajo, incluyendo el trayecto entre el domicilio y el trabajo, con la implicación de que se amenace explícita o implícitamente su:

a) Seguridad.
b) Salud.
c) Bienestar.
d) Independencia económica.

3. La Ley 31/1995, de 8 de noviembre, sobre Prevención de Riesgos Laborales, en el artículo 14.2 afirma que «el empresario deberá garantizar la seguridad y la salud de los trabajadores a su servicio en todos los aspectos relacionados con su trabajo». Esta ley garantiza el derecho a una protección eficaz en materia de seguridad y salud en el trabajo, que incluya no solo la prevención y protección frente a riesgos que puedan ocasionar daños físicos, sino también frente a riesgos que puedan originar menoscabos en:

a) La propia organización.
b) La economía particular de los trabajadores.

c) La salud psíquica de los empleados.

d) Las relaciones familiares de los trabajadores.

4. El Protocolo de Prevención de la Violencia Ocupacional constituye un instrumento de la Diputación Provincial de Burgos cuyo objeto principal es:

a) Establecer las actuaciones a realizar en materia de prevención, resolución y seguimiento de las situaciones de violencia ocupacional en los servicios y centros de la Entidad.

b) Facilitar la recuperación de la persona víctima de violencia ocupacional, una vez acreditados los hechos.

c) Instaurar un modelo común de actuación frente a los hechos constatados.

d) Procurar unas relaciones laborales basadas en el entendimiento y la tolerancia.

5. Señala la respuesta que no corresponda. El Protocolo de Prevención de la Violencia Ocupacional contiene, como aspectos importantes:

a) Establecer un modelo común de actuación.

b) Dignificar el trabajo y la seguridad de los empleados públicos de la Diputación Provincial de Burgos.

c) Aportar un sistema de garantías y apoyos suficientes para los empleados expuestos a conductas violentas.

d) Consensuar con otros organismos las medidas y estrategias preventivas.

6. Señala cuál de los siguientes NO será un criterio general bajo el que actuará la Diputación Provincial de Burgos a través del Protocolo de Prevención de la Violencia Ocupacional:

a) Identificación de la persona acosadora.

b) Protección.

c) Prevención.

d) Libertad para vivir una vida libre de violencia.

7. Algunos de los principios básicos que se garantizarán con el Protocolo de Prevención de la Violencia Ocupacional, son:

a) Objetividad, celeridad y reserva.

b) Indemnidad, compañerismo y protección.

c) Dignidad, intimidad e integridad física.

d) Confidencialidad, celeridad e imparcialidad.

8. Con el fin de esclarecer los hechos denunciados y garantizar los derechos de todos los afectados, se respetará:

a) El derecho de admisión.

b) El principio de contradicción.

c) La indemnidad de cualquiera de las personas implicadas.

d) El principio de diligencia.

9. Según la clasificación que se incluye en el Protocolo de Prevención de la Violencia Ocupacional, la agresión verbal y las actitudes amenazantes NO incluye:

a) Insultos y palabras groseras.
b) Amenazas.
c) Coacciones.
d) Injurias.

10. Señala la respuesta incorrecta. Los efectos laborales que puede ocasionar la violencia ocupacional, según sus consecuencias, son:

a) Accidentes sin baja.
b) Accidentes con baja.
c) Incidentes.
d) Baja por incapacidad permanente.

11. En la violencia laboral, lo más habitual en el tipo III es que:

a) Se refiere a acciones con ánimo de robo.
b) Son hechos violentos que se producen mientras se ofrece un servicio.
c) El objetivo de la acción violenta fijado por el agresor sea un compañero de trabajo o un superior suyo.
d) No existe relación laboral o profesional de trato entre el agresor y la víctima.

12. Señala la respuesta que no corresponda. El procedimiento de prevención y actuación frente a las agresiones consta de varias fases, como son:

a) Evaluación.
b) Diagnóstico.
c) Intervención.
d) Prevención.

13. ¿En qué fase del procedimiento de prevención y actuación frente a las agresiones, el servicio de Prevención realizará la identificación de aquellas condiciones de trabajo que pueden facilitar la aparición de violencia en el trabajo?

a) Evaluación.
b) Diagnóstico.
c) Intervención.
d) Prevención.

14. El Servicio de Prevención realizará la identificación de aquellas condiciones de trabajo que pueden facilitar la aparición de violencia en el trabajo, atendiendo especialmente a:

a) Las instrucciones básicas de actuación que hayan entregado a los empleados.
b) Las posibles denuncias que existan en ciertos puestos de trabajo.

c) El entorno, el lugar y la organización de trabajo.

d) Los datos preliminares incluidos en la documentación aportada en la denuncia.

15. La Comisión de Instrucción creada para la investigación de supuestos de violencia ocupacional en el ámbito laboral, tras los análisis de los datos, podrá hacer propuestas en el plazo máximo de:

a) Cuarenta días naturales.

b) Quince días hábiles.

c) Veinte días naturales.

d) Veinte días hábiles.

16. El Protocolo de Prevención de Acoso elaborado por la Diputación Provincial de Burgos tiene como objeto principal:

a) Establecer las actuaciones a realizar en materia de prevención, resolución y seguimiento de las situaciones de violencia ocupacional en los servicios y centros de la Entidad.

b) Instaurar un modelo común de actuación frente a los hechos constatados.

c) Definir el marco de actuación en relación a los casos de acoso de cualquier tipo que se puedan producir en la Diputación de Burgos e Instituto Provincial para el Deporte y Juventud.

d) Organizar los distintos departamentos, de modo que se pueda prevenir el acoso en la Entidad.

17. Según el Protocolo de Prevención de Acoso de la Diputación Provincial de Burgos, las modalidades de acoso son las siguientes, excepto una. Indica cuál:

a) Acoso sexual.

b) Acoso por razón de sexo.

c) Acoso moral o psicológico.

d) Acoso laboral.

18. ¿Qué tipo de acoso sexual se distingue por la existencia de coacción?

a) Acoso "quid pro quo".

b) Acoso ambiental.

c) Acoso por razón de sexo.

d) Acoso moral.

19. Como consecuencia de actitudes y comportamientos no deseados de naturaleza sexual, el acosador crea un entorno de trabajo intimidatorio, hostil, degradante, humillante u ofensivo para la víctima. Nos referimos a:

a) Acoso "quid pro quo".

b) Acoso ambiental.

c) Acoso por razón de sexo.
d) Acoso moral.

20. Los condicionantes mínimos para reconocer el acoso moral o psicológico en el entorno laboral entre personas son los siguientes, excepto uno. Indica cuál:

a) Recurrencia.
b) Intención.
c) Ocultación.
d) Daños.

21. Con respecto al acoso moral o psicológico, se denomina bossing al acoso:

a) Simétrico.
b) Ascendente.
c) Horizontal.
d) Descendente.

22. Indica cuál de las siguientes se considera una conducta de acoso moral o psicológico en el entorno laboral:

a) Cuando se producen acciones de violencia en el trabajo, realizadas desde una posición prevalente de poder respecto a la víctima, pero éstas no sean realizadas de forma reiterada y prolongada en el tiempo.
b) Criticar alguna circunstancia personal, actitud o creencia política, religiosa, etc.
c) El ejercicio de la autoridad propio del superior jerárquico para trabajar más o mejor.
d) Un cambio de lugar o de centro de trabajo sin consulta previa pero justificada o un cambio de turno no programado, entre otros.

23. ¿Qué fase del acoso moral comienza con la adopción, por una de las partes en conflicto, de las distintas conductas definitorias de acoso?

a) Fase de conflicto.
b) Fase de estigmatización.
c) Fase de intervención desde la empresa.
d) Fase de marginación.

24. Los grados de acoso moral vienen determinados por algunas características. Señala el que no corresponda:

a) Entorno.
b) Duración.
c) Intensidad.
d) Frecuencia.

25. ¿En qué grado se encuentra el acoso moral cuando a la persona le resulta difícil poder eludir los ataques y humillaciones de las que es objeto; en consecuencia, el mantenimiento o reincorporación a su puesto de trabajo es más costosa?

a) Primer grado.
b) Segundo grado.
c) Tercer grado.
d) Cuarto grado.

26. Algunas de las medidas de prevención dirigidas a responsables o mandos intermedios serán:

a) Campañas divulgativas.
b) Puesta en práctica del Protocolo.
c) Cursos de formación.
d) Defensa y apoyo solidario a compañeros.

27. Según el Protocolo de Prevención de Acoso de la Diputación Provincial de Burgos, el procedimiento de actuación frente a conductas inadecuadas o violentas constará de varias fases. Indica el que no corresponda:

a) Tramitación.
b) Inicio.
c) Finalización.
d) Investigación.

28. Señala la respuesta incorrecta. Las denuncias y quejas de los empleados, plasmadas en una solicitud:

a) Deberán sustentarse en información fiable y detallada.
b) Pueden ser conocidas o anónimas.
c) Se realizarán en cualquier medio del que quede constancia, por escrito e incluido el correo electrónico.
d) Irán acompañadas de cualquier documento o medio de prueba que se considere pertinente.

29. En la tramitación del procedimiento, las primeras actuaciones implicarán que las denuncias deberán sean investigadas y analizadas sin dilaciones indebidas, de forma ágil y fiable en el plazo máximo de:

a) Cuarenta días naturales.
b) Quince días hábiles.
c) Veinte días naturales.
d) Veinte días hábiles.

30. El archivo de la denuncia sólo se producirá en algunos de los siguientes aspectos, excepto uno. Indica cuál:

a) Desistimiento por escrito del denunciante, salvo que la gravedad de los hechos aconseje la continuación de la tramitación.

b) Falta de objeto o insuficiencia de indicios.

c) Existencia de una conducta no calificable como acoso.

d) La condición de jefe superior del presunto acosador laboral sobre el denunciante.

Solución al test n.º 4

1. b) Situaciones de acoso y violencia ocupacional.

2. d) Independencia económica.

3. c) La salud psíquica de los empleados.

4. a) Establecer las actuaciones a realizar en materia de prevención, resolución y seguimiento de las situaciones de violencia ocupacional en los servicios y centros de la Entidad.

5. d) Consensuar con otros organismos las medidas y estrategias preventivas.

6. a) Identificación de la persona acosadora.

7. d) Confidencialidad, celeridad e imparcialidad.

8. b) El principio de contradicción.

9. c) Coacciones.

10. d) Baja por incapacidad permanente.

11. c) El objetivo de la acción violenta fijado por el agresor sea un compañero de trabajo o un superior suyo.

12. a) Evaluación.

13. b) Diagnóstico.

14. c) El entorno, el lugar y la organización de trabajo.

15. d) Veinte días hábiles.

16. c) Definir el marco de actuación en relación a los casos de acoso de cualquier tipo que se puedan producir en la Diputación de Burgos e Instituto Provincial para el Deporte y Juventud.

17. d) Acoso laboral.

18. a) Acoso "quid pro quo".

19. b) Acoso ambiental.

20. c) Ocultación.

21. d) Descendente.

22. b) Criticar alguna circunstancia personal, actitud o creencia política, religiosa, etc.

23. b) Fase de estigmatización.

24. a) Entorno.

25. b) Segundo grado.

26. c) Cursos de formación.

27. d) Investigación.

28. b) Pueden ser conocidas o anónimas.

29. a) Cuarenta días naturales.

30. d) La condición de jefe superior del presunto acosador laboral sobre el denunciante.

MATERIAS ESPECÍFICAS

GRUPO II

TEST N.º 5

La carretera: clasificación. Definición de las partes fundamentales

1. ¿Cuál de estas características no corresponde a una autopista?

a) No es cruzada a nivel por otra vía.
b) Posee dos calzadas separadas.
c) No se accede a ella desde las propiedades colindantes.
d) Poseen carril central de espera.

2. Señale la afirmación falsa:

a) El arcén forma parte de la calzada.
b) El arcén interior es más estrecho que el exterior.
c) El arcén no forma parte de la calzada.
d) La berma no forma parte de la calzada.

3. Los reductores de velocidad pueden ser:

a) Fresados, resaltados o a nivel.
b) Paso peatonal elevado o en lomo de asno.
c) Texturizados o imprimados.
d) Ninguna respuesta de las anteriores es correcta.

4. Un vehículo pesado es:

a) Un camión con carga útil superior a 3 toneladas, más de cuatro ruedas y sin remolque.
b) Un camión con uno o varios remolques.
c) Cualquier vehículo dedicado al transporte de más de 9 pasajeros.
d) Todas las anteriores respuestas son correctas.

5. Las barreras de seguridad se clasifican en dos grupos:

a) De hormigón y metálicas.
b) Biondas y pretiles.
c) Quitamiedos y guardarraíles.
d) Rígidas y flexibles.

6. La categoría de tráfico pesado T41 significa que:

a) Se prevé que por la carretera circularán más de 4100 vehículos pesados al día.
b) Circularán menos de 25 vehículos pesados a la hora.
c) Está previsto que circulen entre 25 y 49 vehículos pesados al día.
d) Se prevé una intensidad media diaria de vehículos pesados superior a 410.

7. En cuanto a los niveles de servicio de una carretera, señale la afirmación falsa:

a) Existen seis niveles de servicio.
b) El nivel de servicio F es el más cómodo para el usuario.
c) En el nivel de servicio D los conductores no adelantan con facilidad.
d) En el nivel de servicio A el tráfico es fluido.

8. ¿Qué diferencia existe entre una rampa y una pendiente?

a) No existe ninguna diferencia.
b) La rampa asciende en el sentido de avance (cuesta arriba) y la pendiente desciende en el sentido de avance (cuesta abajo).
c) La rampa desciende en el sentido de avance y la pendiente asciende en el sentido de avance.
d) Ninguna de las anteriores respuestas es correcta.

9. ¿Por qué es peligroso un trenzado?

a) Porque pueden colisionar vehículos que circulan en sentido opuesto.
b) Porque pueden colisionar vehículos que circulan en el mismo sentido, al cruzarse sus trayectorias.
c) Porque suceden en vías secundarias.
d) Ninguna de las anteriores respuestas es correcta.

10. La anchura de los carriles de una autopista o autovía es:

a) 3,50 m.
b) 3,25 m.
c) 4,25 m.
d) Ninguna de las anteriores respuestas es correcta.

11. Desde dentro hacia afuera, ¿cuál es el orden de las zonas de protección de una carretera?

a) Zona de dominio público, zona de servidumbre y zona de afección.
b) Zona de dominio público, zona de afección y zona de servidumbre.
c) Zona de servidumbre, zona de afección y zona de dominio público.
d) Ninguna de las anteriores respuestas es correcta.

12. ¿Qué nombre recibe el elemento de la carretera destinado a parada de vehículos, sin interceptar la circulación?

a) Berma.
b) Arcén.
c) Arista exterior de la explanación.
d) Apartadero.

13. ¿Cómo se denomina la pendiente transversal de la plataforma en tramos de recta?

a) Peralte.
b) Arista.
c) Bombeo.
b) Bajante.

14. ¿Cómo se denomina la inclinación transversal de la plataforma en los tramos de curva?

a) Bombeo.
b) Arista.
c) Peralte.
b) Bajante.

15. ¿Qué es una cuneta de guarda?

a) Una cuneta sita al pie de un talud de desmonte.
b) Una cuneta sita en la mediana de una autovía.
c) Una cuneta sita en la cabecera de un talud de desmonte.
d) Una cuneta sita al pie de un terraplén, cuando el terreno circundante vierte hacia él.

16. Las autovías:

a) Tienen cruces a nivel.
b) Tienen calzadas separadas para cada sentido de la circulación.
c) No tienen limitación de accesos a y desde las propiedades colindantes.
d) Son carreteras convencionales.

17. No son carreteras convencionales:

a) Las carreteras de montaña.
b) Las carreteras de circunvalación
c) Las carreteras de servicio.
d) Las carreteras multicarril.

18. Sea una autopista o autovía tipo A-140. El número 140 indica:

a) Los kilómetros que tiene.
b) La velocidad máxima permitida reglamentariamente.

c) La velocidad de proyecto.
d) El número máximo permitido de vehículos pesados por hora.

19. ¿En qué grupo se clasifican las carreteras C-50?

a) Grupo 1.
b) Grupo 2.
c) Grupo 3.
d) No está contemplado reglamentariamente ese tipo de carretera.

20. En autopistas y autovías, el límite de edificabilidad se sitúa a:

a) 50 metros.
b) 75 metros.
c) 100 metros.
d) 120 metros.

21. Indica la incorrecta. En el anexo I de la Ley 37/2015, de 29 de septiembre, de carreteras, la plataforma se define como la zona de la carretera destinada al uso de los vehículos, formada por:

a) La calzada.
b) La media.
c) Los arcenes.
d) Las bermas afirmadas.

22. El identificador de las carreteras que son competencia de las diputaciones provinciales en las comunidades autónomas pluriprovinciales es de color:

a) Verde.
b) Amarillo.
c) Ambos colores anteriores, según la importancia asignada a la carretera.
d) Rojo.

23. Corona anular que se sitúa en algunas glorietas entre la calzada anular y la isleta central, para que pueda ser pisada por vehículos de grandes dimensiones que, al girar, requieren un área mayor a la que necesita el resto de los vehículos:

a) Glorieta.
b) Gaviones.
c) Gorjal.
d) Imposta.

Solución al test n.º 5

1. d) Poseen carril central de espera.

2. a) El arcén forma parte de la calzada.

3. b) Paso peatonal elevado o en lomo de asno.

4. d) Todas las anteriores respuestas son correctas.

5. d) Rígidas y flexibles.

6. c) Está previsto que circulen entre 25 y 49 vehículos pesados al día.

7. b) El nivel de servicio F es el más cómodo para el usuario.

8. b) La rampa asciende en el sentido de avance (cuesta arriba) y la pendiente desciende en el sentido de avance (cuesta abajo).

9. b) Porque pueden colisionar vehículos que circulan en el mismo sentido, al cruzarse sus trayectorias.

10. d) Ninguna de las anteriores respuestas es correcta.

11. a) Zona de dominio público, zona de servidumbre y zona de afección.

12. d) Apartadero.

13. c) Bombeo.

14. c) Peralte.

15. c) Una cuneta sita en la cabecera de un talud de desmonte.

16. b) Tienen calzadas separadas para cada sentido de la circulación.

17. d) Las carreteras multicarril.

18. c) La velocidad de proyecto.

19. c) Grupo 3.

20. a) 50 metros.

21. b) La media.

22. c) Ambos colores anteriores, según la importancia asignada a la carretera.

23 c) Gorjal.

TEST N.º 6

La Ley y el Reglamento de Carreteras de Castilla y León. Zonas de protección de la carretera. Línea límite de edificación. Elementos funcionales de la carretera

1. ¿Qué artículo de la Constitución de 1978 permite a las Comunidades Autónomas asumir competencias en materia de carreteras cuando su itinerario, sin ser de interés general, se desarrolle íntegramente en el territorio de la respectiva Comunidad:

a) Artículo 146.
b) Artículo 148.1.5.ª.
c) Artículo 148.1.8.ª.
d) Artículo 149.1.

2. En base a lo anterior, las competencias asumidas por la Comunidad Autónoma de Castilla y León son de carácter:

a) Exclusivo.
b) Compartidas.
c) De ejecución.
d) De desarrollo normativo.

3. ¿En que artículo del Estatuto de Autonomía de Castilla y León se regula esta materia?

a) 71.
b) 78.
c) 70.1.6.
d) 70.1.8.

4. ¿Qué Ley autonómica regula las carreteras?

a) La Ley 2/1990.
b) La Ley 101990.

c) La Ley 2/2008.
d) Todas son falsas.

5. Los tráficos de corto y medio recorrido se incluyen en:

a) En la red básica.
b) En la red comarcal.
c) En la red complementaria.
d) En la red estatal.

6. La titularidad de las carreteras incluidas en el ámbito de la Ley 10/2008:

a) Podrá modificarse mediante acuerdo de la Junta de Castilla y León.
b) Podrá modificarse mediante acuerdo de la Consejería de Fomento.
c) Podrá modificarse mediante acuerdo del Ministerio de Fomento.
d) No podrá modificarse.

7. Por sus características, las carreteras pueden ser:

a) Autopistas.
b) Autovías y carreteras convencionales.
c) Vías para automóviles.
d) Todas son correctas.

8. Las vías que no cruzan a nivel ninguna otra senda, vía, línea de ferrocarril o tranvía, ni son cruzadas a nivel por senda, vía de comunicación o servidumbre de paso alguna, se denominan:

a) Autovías.
b) Vías para automóviles.
c) Autopistas.
d) Carreteras convencionales.

9. Tendrán la consideración de carreteras a los efectos de la Ley 10/2008:

a) Las vías que componen la red interior de comunicaciones municipales.
b) Los caminos de servicio de los que sean titulares el Estado, la Comunidad Autónoma, las entidades locales y demás personas de derecho público.
c) Los caminos construidos por las personas privadas con finalidad análoga a los caminos de servicio.
d) Todas son falsas.

10. Las funciones de coordinación de los planes de las carreteras a los que se refiere la Ley 10/2008, corresponden:

a) Al Consejo de Cooperación Local.
b) A la Junta de Castilla y León.

c) A las Diputaciones Provinciales.
d) A los Ayuntamientos.

11. Las vías que no reúnan las características propias de las autopistas, autovías y vías para automóviles, se denominan:

a) Caminos.
b) Vías de servicio.
c) Carreteras convencionales.
d) Carreteras de una sola calzada.

12. Constituyen las redes de carreteras municipales:

a) Las que, discurran exclusivamente por un término municipal, aunque sean de titularidad de otro ente público.
b) Las que, discurriendo no exclusivamente por un término municipal, no sean de titularidad de otro ente público.
c) Las que, discurriendo exclusivamente por un término municipal, no sean de titularidad de otro ente público.
d) Todas son falsas.

13. El Reglamento de Carreteras de Castilla y León se aprueba por:

a) Decreto 4/2011.
b) Decreto 5/2011.
c) Decreto 45/2015.
d) Todas son falsas.

14. El Reglamento de Carreteras de Castilla y León consta de:

a) 25 artículos.
b) 45 artículos.
c) 55 artículos.
d) Todas son falsas.

15. El número de Títulos que tiene es:

a) Un Título preliminar y cuatro Títulos más.
b) Un Título preliminar y cinco Títulos más.
c) Cuatro Títulos.
d) Cinco Títulos.

16. Y el número de Disposiciones finales que tiene, es:

a) Ninguna.
b) Una.

c) Dos.
d) Cuatro.

17. En el Reglamento, la explotación de las carreteras se regula:

a) En el Capítulo I del Título II.
b) En el Capítulo III del Título I.
c) En el Capítulo II del Título II.
d) En el Capítulo III del Título II.

18. ¿En qué Título se regula la Comisión Regional de Carreteras?

a) En el Título I.
b) En el Título II.
c) En el Título III.
d) Todas son falsas.

19. ¿Por quién será presidida la Comisión de Carreteras de Castilla y León?

a) Por el titular de la dirección general competente en materia de carreteras.
b) Por quien designe el titular de la dirección general competente en materia de carreteras.
c) Por el titular de la Consejería competente en materia de carreteras.
d) Por quien designe el titular de la Consejería competente en materia de carreteras.

20. No formará parte de la Comisión de Carreteras de Castilla y León:

a) Un representante de la Consejería competente en materia de administración territorial.
b) Un representante de la Consejería competente en materia de economía.
c) Un representante de la Consejería competente en materia de sanidad.
d) Un representante de la Consejería competente en materia de agricultura.

21. ¿Quién actuará como secretario de esta Comisión de Carreteras de Castilla y León?

a) El representante de la Consejería competente en materia de administración territorial.
b) El representante de la Consejería competente de en materia de economía.
c) El representante de la Consejería competente en materia de agricultura.
d) El representante de la Consejería competente en materia de carreteras.

22. En el seno de la Comisión de Carreteras de Castilla y León se constituirá una ponencia técnica que tendrá como misión:

a) Informar los cambios de titularidad de carreteras.
b) La gestión económica de la Comisión.
c) Preparar el orden del día.
d) Todas son correctas.

23. El instrumento básico de ordenación general de las carreteras de titularidad de la Comunidad Autónoma es:

a) Los Planes Provinciales de Carreteras.
b) Los Planes de Desarrollo.
c) El Plan Regional de Carreteras.
d) El Plan estatal de carreteras.

24. La aprobación definitiva de los planes provinciales de carreteras corresponde:

a) A la Junta de Castilla y León.
b) A la Consejería de Fomento.
c) A la Consejería de Hacienda.
d) A la Dirección General de Carreteras.

25. Dicha aprobación definitiva se realizará:

a) Por Ley.
b) Por Decreto.
c) Mediante Orden.
d) Por Resolución.

26. La recopilación y análisis de los datos necesarios para definir, en líneas generales, las diferentes soluciones de un determinado problema, valorando todos sus efectos, se denomina:

a) Estudio de planeamiento.
b) Estudio informativo.
c) Anteproyecto.
d) Estudio previo.

27. Al tramo de nueva construcción cuyo objeto es evitar o sustituir una travesía o tramo urbano se le denomina:

a) Variante.
b) Nueva carretera.
c) Trazado alternativo.
d) Planeamiento.

28. En ningún caso tendrán la consideración de nueva carretera:

a) Las duplicaciones de calzada.
b) Los acondicionamientos de trazado.
c) Los ensanches de plataforma.
d) Todas son correctas.

29. La construcción de autopistas, autovías, vías para automóviles, nuevas carreteras convencionales o variantes no previstas en el planeamiento urbanístico vigente de los núcleos de población a los que afecten, exigirá la redacción de:

a) Estudio de planeamiento.
b) Proyecto de construcción.
c) Un estudio informativo.
d) Proyecto de trazado.

30. La explotación de la carretera comprende:

a) Las actuaciones de señalización.
b) El uso de las zonas de dominio público.
c) La ordenación de accesos.
d) Todas son correctas.

31. Las zonas colindantes con las carreteras, diseñadas expresamente para albergar instalaciones y servicios destinados a la cobertura de las necesidades de la circulación, se denominan:

a) Áreas de servicio.
b) Zonas de servicio.
c) Vías de servicio.
d) Carriles de servicio.

32. En las autopistas, son de dominio público los terrenos ocupados por las carreteras y sus elementos funcionales y una franja de terreno de:

a) Cinco metros de anchura.
b) Ocho metros de anchura.
c) Diez metros de anchura.
d) Once metros de anchura.

33. ¿Quién podrá utilizar o autorizar la utilización de la zona de servidumbre de la carretera por razones de interés general o cuando lo requiera el mejor servicio de la carretera:

a) El órgano titular de la carretera.
b) La Junta de castilla y León.
c) La Dirección General de Carreteras.
d) Todas son falsas.

34. La línea límite de edificación se sitúa en las autopistas:

a) A 20 metros.
b) A 25 metros.

c) A 30 metros.
d) A 50 metros.

35. ¿Y en las carreteras convencionales?

a) A 10 metros.
b) A 15 metros.
c) A 18 metros.
d) A 28 metros.

36. Previamente a su aprobación, los proyectos cuyo objeto específico sea el acondicionamiento o mejora de una travesía cuya titularidad no sea municipal serán remitidos por la administración titular de la carretera al ayuntamiento correspondiente. ¿En qué plazo deberá notificar el ayuntamiento la conformidad o disconformidad con el mismo?:

a) Un mes.
b) Dos meses.
c) 15 días.
d) Todas son falsas.

37. No se considera infracción grave:

a) Incumplir alguna de las prescripciones impuestas en las autorizaciones otorgadas.
b) Deteriorar, alterar, modificar, o destruir cualquier obra, instalación o elemento funcional de la carretera.
c) Colocar, sin la previa autorización de la administración titular de la carretera, carteles informativos en las zonas de dominio público, servidumbre o afección.
d) Realizar cualquier tipo de obras, instalaciones o actuaciones en las zonas de dominio público, servidumbre y afección, sin la debida autorización.

38. Dañar o deteriorar la carretera circulando con pesos o cargas que excedan de los límites autorizados:

a) Infracción leve.
b) Infracción grave.
c) Infracción muy grave.
d) Tiene la consideración de delito penal.

39. La imposición de sanciones por infracciones leves y graves en las carreteras regionales corresponderá:

a) Al Consejero competente en materia de carreteras.
b) A la Junta de Castilla y León.
c) A la Dirección General competente.
d) A los delegados territoriales de la Junta de Castilla y León.

40. El plazo de prescripción de las infracciones graves será de:

a) Un año.
b) Un mes.
c) Tres años.
d) Cuatro años.

41. La imposición de sanciones por infracciones muy graves en las carreteras regionales corresponderá:

a) Al Consejero competente en materia de carreteras.
b) A la Junta de Castilla y León.
c) A la Dirección General competente.
d) A los delegados territoriales de la Junta de Castilla y León.

42. Para las variantes, el estudio fijará la línea límite de edificación, que en ningún caso se situará a una distancia inferior a la que se define con carácter general en la Ley ni superior a:

a) 10 metros.
b) 20 metros.
c) 50 metros.
d) Todas son falsas.

43. Deberán quedar situados más allá de la línea límite de edificación:

a) Los depósitos subterráneos.
b) Los surtidores de aprovisionamiento.
c) Las marquesinas de una estación de servicio.
d) Todas son correctas.

44. Entre el borde exterior de la zona de servidumbre y la línea límite de edificación se podrá autorizar:

a) La ejecución de instalaciones aéreas vinculadas a servicios.
b) La ejecución de instalaciones militares vinculadas a servicios.
c) La ejecución de instalaciones subterráneas vinculadas a servicios.
d) Las respuestas a) y c) son correctas.

45. Toda zona de la carretera permanentemente afecta a la conservación de la misma o a la explotación del servicio público viario, se considera:

a) Vía pública.
b) Elemento funcional.
c) Elemento asistencial.
d) Área de descanso.

46. Las distancias mínimas entre las áreas de servicio y sus características funcionales, se establecerán:

a) Por Ley.
b) Por ordenanza municipal.
c) Reglamentariamente.
d) Por circular.

47. Las áreas de servicio podrán ser:

a) Solo de titularidad pública.
b) Solo de titularidad privada.
c) De titularidad pública o privada.
d) De titularidad semipública.

48. La forma de adjudicación de áreas de servicio será:

a) En cualquier caso la subasta.
b) En cualquier caso el concurso.
c) Preferentemente la subasta.
d) Preferentemente el concurso.

49. Las actuaciones de defensa de la carretera incluyen:

a) Las necesarias para evitar actividades que perjudiquen a la carretera.
b) Las necesarias para evitar actividades que perjudiquen a su función.
c) Las necesarias para evitar actividades que perjudiquen a sus zonas de influencia.
d) Todas son correctas.

50. No podrán venderse o suministrarse en los locales o instalaciones de las áreas de servicio bebidas alcohólicas de graduación superior a:

a) 15 grados.
b) 20 grados.
c) 25 grados.
d) 30 grados.

Solución al test n.º 6

1. b) Artículo 148.1.5.ª

2. a) Exclusivo.

3. d) 70.1.8.

4. d) Todas son falsas.

5. c) En la red complementaria.

6. a) Podrá modificarse mediante acuerdo de la Junta de Castilla y León.

7. d) Todas son correctas.

8. c) Autopistas.

9. d) Todas son falsas.

10. a) Al Consejo de Cooperación Local.

11. c) Carreteras convencionales.

12. c) Las que, discurriendo exclusivamente por un término municipal, no sean de titularidad de otro ente público.

13. d) Todas son falsas.

14. c) 55 artículos.

15. d) Cinco Títulos.

16. a) Ninguna.

17. d) En el capítulo III del Título II.

18. a) En el Título I.

19. a) Por el titular de la dirección general competente en materia de carreteras.

20. c) Un representante de la Consejería competente en materia de sanidad.

21. d) El representante de la Consejería competente en materia de carreteras.

22. a) Informar los cambios de titularidad de carreteras.

23. c) El Plan Regional de Carreteras.

24. a) A la Junta de Castilla y León.

25. b) Por Decreto.

26. d) Estudio previo.

27. a) Variante.

28. d) Todas son correctas.

29. c) Un estudio informativo.

30. d) Todas son correctas.

31. a) Áreas de servicio.

32. b) Ocho metros de anchura.

33. a) El órgano titular de la carretera.

34. d) A 50 metros.

35. c) A 18 metros.

36. a) Un mes.

37. d) Realizar cualquier tipo de obras, instalaciones o actuaciones en las zonas de dominio público, servidumbre y afección, sin la debida autorización.

38. c) Infracción muy grave.

39. d) A los delegados territoriales de la Junta de Castilla y León.

40. c) Tres años.

41. a) Al Consejero competente en materia de carreteras.

42. c) 50 metros.

43. d) Todas son correctas.

44. d) Las respuestas a) y c) son correctas.

45. b) Elemento funcional.

46. c) Reglamentariamente.

47. c) De titularidad pública o privada.

48. b) En cualquier caso el concurso.

49. d) Todas son correctas.

50. b) 20 grados.

TEST N.º 7

Matemáticas básicas. Áreas: triángulos, cuadriláteros, polígonos regulares, círculos, sector y segmentos circulares. Volúmenes: prismas, pirámides, conos, cilindros y esferas

1. ¿Qué operación es la realizada incorrectamente?

a) $15 + (13 - 14) - (10 - 9 + 75) = -62$
b) $2 + (4 - 8) - (9 + 14) + 10 - 17 = -32$
c) $22 + (10 - 3) + (4 - 10) + 9 - 9 - (-1) = 24$
d) $-(-5 + 4) + (8 - 9 - 1) - (7 - 4 + 2) = -5$

2. ¿Qué operación es la correcta?

a) $-(-7 - 4 + 2) - [(9 + 8) + (7 + 8) - (1 - 2)] = -24$
b) $(4 - 2 + 6) - (7 + 3 - 10) - 8 + (4 - 3) = 17$
c) $13 + [20 - (14 - 20)] - [(7 + 80) + (5 + 3) - 14] = 14$
d) $202 - [507 - (27 + 9)] - (92 + 1) + 8 = -408$

3. ¿Qué igualdad es correcta?

a) $51 \times 3 \times 7 \times 9 = 8.639$
b) $13 \times 14 \times 12 \times 11 = 24.024$
c) $3 \times 3 \times 3 \times 4 = 208$
d) $7 \times 9 \times 1 \times 31 = 1.853$

4. La multiplicación consiste en:

a) Hacer un número mayor tantas veces como indique otro menor.
b) Hacer un número menor tantas veces como indique otro mayor.
c) Sumar un número tantas veces como indique otro.
d) Operar con una tabla cuyos valores se han de aprender una vez que se han comprobado experimentalmente.

5. ¿Qué operación se ha realizado correctamente?

a) $[[(3 \times 5) : 6] + 8 (5 - 2)] : 2 = 13 + 0'25$
b) $[2 (5 + 6) - 7] : 3 + 9 (7 - 1) = 51$
c) $(8 \times 2 \times 6) : 4 + 7 (3 + 2) = 20$
d) $33 : (6 + 8) - [4 (3 + 2)] = 313 : 14$

6. ¿Cuál es el resultado correcto de la siguiente operación?

$$\left[\left(\frac{4}{3} + \frac{5}{2} \right) : \frac{1}{4} \right] - \left(\frac{3}{5} + \frac{8}{9} \right)$$

a) $\dfrac{62}{17}$

b) $\dfrac{37}{25}$

c) $\dfrac{42}{19}$

d) $\dfrac{2693}{45}$

7. La suma de las fracciones es:

$$\frac{a}{b} + \frac{c}{d}$$

a) $\dfrac{a}{b} + \dfrac{c}{d} = \dfrac{(a+c)d}{(b+d)a}$

b) $\dfrac{a}{b} + \dfrac{c}{d} = \dfrac{a \cdot d}{b \cdot c} + \dfrac{b \cdot c}{a \cdot d}$

c) $\dfrac{a}{b} + \dfrac{c}{d} = \dfrac{a + c}{b + d}$

d) $\dfrac{a}{b} + \dfrac{c}{d} = \dfrac{a \cdot d + b \cdot c}{b \cdot d}$

8. ¿Qué es el sistema métrico?

a) Es un conjunto de medidas que tienen como unidad el gramo.
b) Es el conjunto de pesas y medidas que tienen su origen en el metro.
c) Es un conjunto de pesas y medidas cuya unidad fundamental es el círculo meridiano que rodea la Tierra pasando por el Ecuador.
d) Es un conjunto de medidas de longitudes, superficies, volúmenes, capacidades y pesos que están relacionados mediante unos valores que son equivalentes a la décima parta del metro lineal.

9. El litro es una unidad de:

a) Volumen.
b) Peso.
c) Superficie.
d) Capacidad.

10. Ordenar de mayor a menor:

Km², cm², ha, a, ca, Mm², dm², Dm²

a) Mm² ˃ Km² > ha > Dm² > a > ca > dm² > cm².
b) Mm² > Km² > Dm² > ha > a > ca > dm² > cm².
c) a > Mm² > ha > km² > Dm² > ca > dm2 > cm².
d) ha > a > ca > Mm² > km² > Dm² > dm² > cm².

11. Dos rectas que tienen un punto común se llaman:

a) Secantes.
b) Paralelas.
c) Perpendiculares.
d) Tangentes.

12. ¿Cómo se llama un ángulo menor que uno recto?

a) Obtuso.
b) Agudo.
c) Complementario.
d) Oblicuo.

13. ¿Cómo se llama la cuerda de máxima longitud de la circunferencia?

a) Radio.
b) Diámetro.
c) Arco.
d) Coseno.

14. ¿Cuánto vale la longitud de una circunferencia de 20 cm de diámetro?

a) 20 cm.
b) 30 cm.
c) 62,8 cm.
d) 125,6 cm.

15. ¿Cuánto mide el perímetro de la figura?

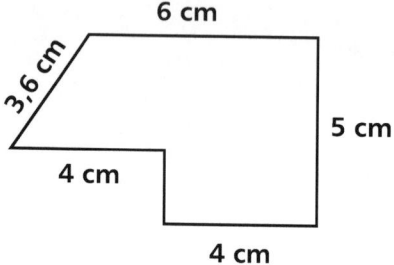

a) 22,6 cm.
b) 24 cm.
c) 36 cm².
d) 40 cm².

16. ¿Cuánto vale la superficie de un rombo cuya diagonal mayor mide 10 cm y cuya diagonal menor mide 5 cm?

a) 50 cm².
b) 25 cm².
c) 100 cm².
d) 30 cm.

17. La superficie de un cuadrado es 1600 cm². ¿Cuánto mide el lado?

a) 400 cm.
b) 16 cm.
c) 40 cm.
d) 320.000 cm.

18. Cuánto mide la superficie de un pentágono regular cuyo lado mide 4 dm y su apotema 30 cm:

a) 3000 cm².
b) 600 cm².
c) 12000 cm².
d) 15 dm².

19. Señale la respuesta correcta respecto a las propiedades de la división:

a) Si el divisor es la unidad, el cociente es igual al dividendo.
b) Si el divisor es mayor que la unidad, el cociente es menor que el dividendo.
c) Si el divisor es menor que la unidad, el cociente es mayor que el dividendo.
d) Todas las respuestas anteriores son correctas.

20. El 30 % de 220 es:

a) 66.
b) 33.
c) 73.33.
d) Ninguna de las respuestas anteriores es correcta.

21. El número "pi":

a) Es el cociente entre la longitud de una circunferencia y su diámetro.
b) Es el cociente entre el diámetro de una circunferencia y su longitud.
c) Su símbolo es π.
d) Las opciones a) y c) son correctas.

22. La hipotenusa de un triángulo rectángulo es:

a) Mayor a la raíz cuadrada de la suma del cuadrado de los catetos.
b) Igual a la raíz cuadrada de la suma del cuadrado de los catetos.
c) Igual a la raíz cúbica de la suma del cuadrado de los catetos.
d) Igual a la raíz cuadrada de la suma de los catetos.

Solución al test n.º 7

1. d) - (- 5 + 4) + (8 - 9 - 1) - (7 - 4 + 2) = - 5

2. a) -(- 7 - 4 + 2) - [(9 + 8) + (7 + 8) - (1 - 2)] = - 24

3. b) 13 x 14 x 12 x 11 = 24.024

4. c) Sumar un número tantas veces como indique otro.

5. a) [(3 x 5) : 6] + 8 (5 - 2)] : 2 = 13 + 0'25

6. d) $\dfrac{2693}{45}$

7. d) $\dfrac{a}{b} + \dfrac{c}{d} = \dfrac{a \cdot d + b \cdot c}{b \cdot d}$

8. b) Es el conjunto de pesas y medidas que tienen su origen en el metro.

9. d) Capacidad.

10. a) $Mm^2 > Km^2 > Ha > Dm^2 = a > ca > dm^2 > cm^2$.

11. a) Secantes.

12. b) Agudo.

13. b) Diámetro.

14. c) 62,8 cm.

15. a) 22,6 cm.

16. b) 25 cm².

17. c) 40 cm.

18. a) 3000 cm².

19. d) Todas las respuestas anteriores son correctas.

20. a) 66.

21. d) Las opciones a) y c) son correctas.

22 . b) Igual a la raíz cuadrada de la suma del cuadrado de los catetos.

TEST N.º 8

Escalas: numéricas y gráficas. Interpretación de planos y mapas de nivel básico. Croquis, confección y acotado

1. Indique la respuesta más exacta. Como elementos auxiliares de identificación en los mapas se usan:

a) Los números.
b) Las letras.
c) Los signos convencionales.
d) Los dibujos.

2. Señale la respuesta incorrecta:

a) Las curvas de nivel son siempre cerradas.
b) Dos curvas de nivel no pueden cruzarse nunca.
c) Una curva de nivel no debe bifurcarse.
d) Las curvas de nivel pueden ser tangentes.

3. Los círculos máximos que pasan por los polos se denominan:

a) Paralelos.
b) Meridianos.
c) Trópicos.
d) Ejes.

4. La desigualdad en tiempo de los días y las noches se debe:

a) Al movimiento de rotación de la Tierra sobre su eje.
b) Al movimiento de traslación de la Tierra alrededor del Sol
c) Al movimiento de rotación de la Tierra alrededor del Sol.
d) Al movimiento de traslación de la Tierra sobre su eje.

5. La distancia medida en grados sexagesimales desde cualquier punto al Meridiano Cero se llama:

a) Longitud.
b) Latitud.

c) Las respuestas a) y b) son correctas.
d) Huso horario.

6. La línea imaginaria que une dos puntos en el terreno se llama:

a) Distancia real.
b) Distancia geométrica.
c) Distancia reducida.
d) No existe.

7. La figura vista de frente y proyectada sobre el plano posterior se llama:

a) Planta.
b) Perfil.
c) Alzado.
d) Vista posterior.

8. En España, suele tomarse como plano horizontal de referencia para determinar la altitud o cota de un punto:

a) El nivel del mar en Alicante.
b) La ciudad de Madrid.
c) El nivel del mar en Santander.
d) La ciudad de Puertollano.

9. En un gráfico de curvas de nivel; aquellas que llevan un trazo más grueso se conocen como:

a) Rasantes.
b) Curvas directoras.
c) Cotas.
d) Curvas equidistantes.

10. ¿Qué nombre recibe la figura geométrica a la que se asemeja el planeta Tierra?

a) Esfera.
b) Círculo.
c) Geoide.
d) Conoesfera.

11. El ecuador de la Tierra es:

a) Un meridiano.
b) El eje terrestre.
c) Un huso horario.
d) Un paralelo.

12. Todos los paralelos:

a) Tienen la misma longitud.
b) Son perpendiculares al eje de la Tierra.
c) Tienen la misma distancia al ecuador.
d) Son equidistantes a los dos Polos.

13. Los trópicos son paralelos situados a:

a) A 23º27´ de uno de los Polos.
b) A 23º27´ tanto del ecuador como de uno de los Polos.
c) A 23º27´ de ambos Polos.
d) A 23º27´ del ecuador.

14. Durante el movimiento de traslación de la Tierra alrededor del Sol hay un punto en que ambos se encuentran más cercanos, llamado:

a) Afelio.
b) Crepúsculo.
c) Apogeo.
d) Perihelio.

15. La Tierra completa un giro de precesión aproximadamente cada:

a) 24 horas.
b) 365 días.
c) 100 años.
d) 26.000 años.

16. ¿Cuál de los puntos cardinales se conoce también como mediodía?

a) El Norte.
b) El Sur.
c) El Este.
d) El Oeste.

17. ¿Cada cuántos grados de longitud hay una diferencia de una hora?

a) 15º.
b) 30º.
c) 5º.
d) 45º.

18. En una escala 1:100.000, una distancia en el plano de 3 centímetros, suponen una distancia real de:

a) 3 km.
b) 30 km.

c) 300 km.
d) 3.000 km.

19. Una milésima militar es cada una de las partes resultantes de dividir una circunferencia en:

a) Mil partes.
b) 360°.
c) 400 partes iguales.
d) 6.400 partes.

20. Dentro del sistema de planos acotados, el cociente (expresado en porcentaje) entre el desnivel y la distancia reducida entre dos puntos, se llama:

a) Rampa.
b) Acimut.
c) Pendiente.
d) Rasante.

21. El dibujo o materialización de la escala numérica es:

a) Escala alfabética.
b) Escala abreviada.
c) Línea escalada.
d) Escala gráfica.

22. ¿Cuántos radianes hay en una circunferencia completa?

a) 1π radián.
b) 2π radián.
c) 3π radián.
d) 4π radián.

23. Istmo de arena que une una isla al continente:

a) Golfo.
b) Tómbolo.
c) Estrecho.
d) Península.

24. Emisión de gases de origen volcánico:

a) Mofetas.
b) Solfataras.
c) Fumarola.
d) Géiseres.

25. Es la representación de un elemento a mano alzada en la que se detallan todas sus formas y dimensiones:

a) Croquización.
b) Criquis.
c) Croquis acotado.
d) Ninguna de las anteriores.

Solución al test n.º 8

1. c) Los signos convencionales.

2. b) Dos curvas de nivel no pueden cruzarse nunca.

3. b) Meridianos.

4. b) Al movimiento de traslación de la Tierra alrededor del Sol.

5. a) Longitud.

6. b) Distancia geométrica.

7. c) Alzado.

8. a) El nivel del mar en Alicante.

9. b) Curvas directoras.

10. c) Geoide.

11. d) Un paralelo.

12. b) Son perpendiculares al eje de la Tierra.

13. d) A 23º27´ del ecuador.

14. d) Perihelio.

15. d) 26.000 años.

16. b) El Sur.

17. a) 15º.

18. a) 3 km.

19. d) 6.400 partes.

20. c) Pendiente.

21. d) Escala gráfica.

22. b) 2π radián.

23. b) Tómbolo.

24. c) Fumarola.

25. c) Croquis acotado.

TEST N.º 9

**Geometría de la carretera: perfil transversal,
perfil longitudinal y rasante. Secciones tipo. Capas del firme**

1. El trazado en planta del eje de una vía, se denomina:

a) Alineamiento horizontal.
b) Alineamiento vertical.
c) Alineamiento longitudinal.
d) Alineamiento oblicuo.

2. El perfil longitudinal de una vía se encontrará formado por tramos de líneas rectas enlazadas entre sí por arcos de parábola denominados (estos últimos):

a) Peraltes.
b) Curvas verticales.
c) Curvas de acuerdo.
d) Clotoides.

3. Las prolongaciones de dos rectas consecutivas se interceptan en un punto "V", denominado:

a) Centro.
b) Punto de Cornu.
c) Punto de prolongación.
d) Vértice del alineamiento.

4. ¿Cómo se denomina la inclinación transversal de la plataforma o plataformas que conforman una carretera en los tramos en curva que se dispone para contrarrestar la aceleración centrífuga no compensada por el rozamiento y evacuar el agua?

a) Bombeo.
b) Rasante.
c) Peralte.
d) Berma.

15. El valor habitual del bombeo se corresponde con una inclinación transversal mínima de:

a) El 2%.
b) El 5%.
c) El 7%.
d) El 10%.

6. En una vía, el ángulo formado por la prolongación de la recta de entrada con la recta de salida se conoce como:

a) Ángulo de reflexión.
b) Ángulo de incidencia.
c) Ángulo de deflexión.
d) Ángulo de alineamiento.

7. La inclinación transversal de la plataforma o plataformas de una carretera en los tramos en recta para evacuar el agua hacia el exterior se denomina:

a) Cuneta.
b) Berma.
c) Peralte.
d) Bombeo.

8. Sirven de enlace entre las alineaciones rectas y las alineaciones curvas:

a) Las curvas de acuerdo.
b) Los ángulos de deflexión.
c) Los puntos de alineamiento.
d) Las curvas verticales.

9. El giro que se efectúa en la inclinación transversal de la plataforma para pasar, en una curva de acuerdo en planta, desde una inclinación transversal nula a la inclinación transversal correspondiente al peralte, se denomina:

a) Curva de transición.
b) Desvanecimiento del bombeo.
c) Transición del peralte.
d) Clotoide.

10. La longitud máxima de una clotoide no puede exceder de:

a) 1,5 veces su longitud mínima.
b) 2 veces su longitud mínima.
c) 2,5 veces su longitud mínima.
d) 3 veces su longitud mínima.

11. El Tipo VII de alineaciones curvas está constituido por:

a) Una curva circular central y dos curvas de acuerdo.
b) Una curva circular.
c) Dos curvas circulares unidas por una curva de acuerdo intermedia.
d) Dos curvas de acuerdo.

12. Una alineación curva constituida por dos curvas circulares enlazadas con dos curvas de acuerdo, pertenece al tipo:

a) Tipo II.
b) Tipo IV.
c) Tipo V.
d) Tipo VI.

13. ¿Qué pendiente tendrá un tramo en que en una distancia horizontal de 1 km se suben 800 centímetros?

a) 80 %.
b) 8 %.
c) 0,8 %.
d) 0,08 %.

14. Por regla general, la rasante, en terreno plano, estará:

a) A la altura del terreno.
b) Sobre el terreno.
c) Por debajo del terreno.
d) Siguiendo las inflexiones del terreno.

15. La desaparición parcial de la plataforma y en particular de alguna de sus características que permiten al conductor el guiado del vehículo, se conoce como:

a) Pérdida de orientación.
b) Pérdida de trazado.
c) Pérdida de control.
d) Pérdida dinámica.

16. A la intersección del camino con un plano vertical que es normal, en el punto de interés, a la superficie vertical que contiene el eje del proyecto, se le conoce como:

a) Perfil longitudinal.
b) Alzado.
c) Perfil transversal.
d) Perfil vertical.

17. En la sección tipo, las carreteras de calzadas separadas:

a) No tendrán más de dos carriles por calzada.
b) No tendrán más de cuatro carriles por calzada ni menos de dos.
c) No tendrán más de un carril por calzada.
d) Tendrán dos carriles por calzada.

18. En carreteras de calzadas separadas con velocidad de proyecto mayor o igual que cien kilómetros por hora se exigirá que el arcén interior tenga un ancho para medianas o tercianas en las que, de forma continuada, la barrera de seguridad se disponga adosada al borde de la plataforma, de:

a) 1 metro.
b) 1,50 metros.
c) 2 metros.
d) 2,50 metros.

19. Por regla general, para el bombeo en recta, las bermas se dispondrán con una inclinación transversal hacia el exterior de la plataforma, del:

a) 10 %.
b) 5 %.
c) 4 %.
d) 2 %.

20. La altura libre mínima bajo pasarelas, pórticos o banderolas, sobre cualquier punto de la plataforma de las carreteras, será mayor o igual que:

a) 4,25 metros.
b) 4,75 metros.
c) 5,00 metros.
d) 5,50 metros.

21. La altura libre mínima bajo pasarelas, pórticos o banderolas, sobre cualquier punto de la plataforma, será mayor o igual que:

a) 5 metros.
b) 6 metros.
c) 5 metros y 50 centímetros.
d) 6 metros y 20 centímetros.

22. Las bermas tendrán una pendiente transversal hacia el exterior de la plataforma no inferior al:

a) 4 %.
b) 2 %.

c) 1 %.
d) 3 %.

23. El bombeo de la plataforma en una alineación recta se proyectará de modo que se evacuen con facilidad las aguas superficiales y que su recorrido sobre la calzada sea mínimo. Para ello NO se utilizarán alguno de los siguientes criterios:

a) En carreteras de calzadas separadas, la calzada y los arcenes se dispondrán con una misma inclinación transversal mínima del dos por ciento hacia un solo lado.

b) En carreteras de calzada única, si son de doble sentido de circulación, la calzada y los arcenes se dispondrán con una misma inclinación transversal mínima del cinco por ciento hacia cada lado a partir del eje de la calzada.

c) En carreteras de calzada única, si son de sentido único de circulación, la calzada y los arcenes se dispondrán con una misma inclinación transversal mínima del dos por ciento hacia un solo lado.

d) En zonas de elevada pluviometría podrá justificarse aumentar la inclinación transversal mínima al dos y medio por ciento.

24. Si el IMD es inferior a 3.000 estamos hablando de una carretera:

a) De alta intensidad de tráfico.
b) De intensidad media de tráfico.
c) De baja intensidad de tráfico.
d) De alta intensidad de tráfico, pero con relieves muy accidentados.

25. Representación del corte ideal de la carretera:

a) Sección tipo.
b) Alzado de la sección tipo.
c) Peralte de la sección tipo.
d) Plantilla de sección típica.

Solución al test n.º 9

1. a) Alineamiento horizontal.

2. b) Curvas verticales.

3. d) Vértice del alineamiento.

4. c) Peralte.

5. a) El 2 %.

6. c) Ángulo de deflexión.

7. d) Bombeo.

8. a) Las curvas de acuerdo.

9. c) Transición del peralte.

10. a) 1,5 veces su longitud mínima.

11. d) Dos curvas de acuerdo.

12. b) Tipo IV.

13. c) 0,8 %.

14. b) Sobre el terreno.

15. d) Pérdida dinámica.

16. c) Perfil transversal.

17. b) No tendrán más de cuatro carriles por calzada ni menos de dos.

18. b) 1,50 metros.

19. c) 4 %.

20. d) 5,50 metros.

21. c) 5 metros y 50 centímetros.

22. a) 4 %.

23. b) En carreteras de calzada única, si son de doble sentido de circulación, la calzada y los arcenes se dispondrán con una misma inclinación transversal mínima del cinco por ciento hacia cada lado a partir del eje de la calzada.

24. c) De baja intensidad de tráfico.

25. d) Plantilla de sección típica.

TEST N.º 10

Materiales más comunes en la construcción y conservación de carreteras. Áridos. Hormigón. Mezclas bituminosas. Emulsiones asfálticas. Encofrados. Armaduras

1. Ordenados de mejor a peor, los distintos tipos de suelos que se emplean en la construcción de carreteras son:

a) Marginales, inadecuados, tolerables, adecuados y seleccionados.
b) Seleccionados, adecuados, tolerables, marginales e inadecuados.
c) Compactados, seleccionados, tolerables y marginales.
d) Seleccionados, adecuados, marginales, tolerables e inadecuados.

2. ¿Qué es el árido grueso?

a) A la parte del árido total retenida en el tamiz 4 mm.
b) A la parte del árido total retenida en el tamiz 2 mm.
c) A la parte del árido total retenida en el tamiz 7 mm.
d) A la parte del árido total retenida en el tamiz 25 mm.

3 ¿Qué ensayo mide la resistencia del árido grueso a ser roto o fragmentado?

a) Ensayo de desgaste Los Ángeles.
b) Análisis granulométrico.
c) Índice de lajas y agujas.
d) C.B.R.

4. ¿Qué nombre recibe un árido alargado?

a) Laja.
b) Aguja.
c) Calizo.
d) Machacado.

5. En construcción de carreteras la cal se utiliza para...

a) Encalar superficies de hormigón.
b) Estabilizar suelos.
c) Mezclarla con cemento para obtener hormigón más resistente.
d) Ninguna de las respuestas anteriores en correcta.

6. ¿De qué materia prima procede el betún?

a) Del petróleo.
b) Del alquitrán.
c) De la hulla.
d) De residuos metalúrgicos.

7. La razón por la cual las mezclas bituminosas se emplean como pavimento de carreteras es:

a) Su flexibilidad.
b) La posibilidad de construirlas de diversos espesores.
c) La resistencia al deslizamiento de los vehículos.
d) Todas las respuestas anteriores son correctas.

8. El paso de estado pastoso a sólido del cemento amasado con agua se llama:

a) Fraguado.
b) Curado.
c) Rotura.
d) Endurecimiento.

9. El hormigón que no contiene armaduras se llama:

a) Hormigón pretensado.
b) Hormigón drenante.
c) Hormigón desarmado.
d) Hormigón en masa.

10. En la denominación de un hormigón, ¿qué significado tienen las siglas S, P, B y F?

a) Se refieren al tipo de ambiente a que puede estar sometido el hormigón.
b) Se refieren a la resistencia del hormigón.
c) Indican la dureza del hormigón.
d) Se refieren a la consistencia del hormigón.

11. Los aditivos más empleados para estabilizar suelos son:

a) Sal y cemento.
b) Emulsión bituminosa y escorias.
c) Cloruro cálcico.
d) Cal y cemento.

12. ¿Qué tipo de suelos se estabilizan con cal y cuánta cal se añade?

a) Gravas, añadiendo entre un 10 y un 20 % de cal.
b) Suelos arcillosos de alta humedad natural, añadiendo entre un 2 y un 7 % de cal.
c) Arenas, añadiendo entre un 5 y un 10 % de hormigón.
d) Todas las respuestas anteriores son correctas.

13. No se debe extender mezcla bituminosa en caliente si la temperatura ambiente es:

a) Inferior a 5 ºC.
b) Inferior a 5 ºC para capas de espesor mayor de 5 cm, pero para capas de espesor inferior a 5 cm, el mínimo de temperatura es de 8 ºC.
c) 0 ºC.
d) 10 ºC.

14. En caso de lluvia, ¿quién decide interrumpir la ejecución de un pavimento de hormigón?

a) El Director de las obras.
b) El Jefe de obra.
c) El encargado de obra.
d) El Jefe de Asistencia Técnica.

15. El material granular, de granulometría continua, constituido por partículas total o parcialmente trituradas, en la proporción mínima que se especifique en cada caso y que es utilizado como capa de firme, se denomina:

a) Conglomerante.
b) Zahorra.
c) Emulsión bituminosa.
d) Mezcla bituminosa.

16. Los áridos siderúrgicos para zahorra, tras un procesoprevio de machaqueo, cribado y eliminación de elementos metálicos y otros contaminantes, se envejecerán con riego de agua durante un periodo mínimo de:

a) 3 días.
b) 7 días.

c) 15 días.
d) 3 meses.

17. En la construcción de pavimentos, una vez aceptada la superficie de asiento se procederá al vertido y extensión de la zahorra, en tongadas de espesor no superior:

a) 15 cm.
b) 30 cm.
c) 40 cm.
d) 50 cm.

18. ¿A qué aditivo del cemento portland representa la letra S?

a) Humo de sílice.
b) Esquistos calcinados.
c) Escoria de horno alto.
d) Puzolana natural.

19. El tiempo de almacenamiento máximo desde la fecha de expedición del cemento hasta su empleo, para la clase de resistencia 32,5, no debe ser superior a:

a) 15 días.
b) 1 mes.
c) 2 meses.
d) 3 meses.

20. La Orden FOM/2523/2014, de 12 de diciembre, por la que se actualizan determinados artículos del pliego de prescripciones técnicas generales para obras de carreteras y puentes, relativos a materiales básicos, a firmes y pavimentos, y a señalización, balizamiento y sistemas de contención de vehículos, especifica tres tipos de betunes asfálticos. Señala cuál de los siguientes es incorrecto:

a) Flexibles.
b) Duros.
c) Convencionales.
d) Multigrado.

21. Por su composición química podemos hablar de áridos:

a) Calizos.
b) De mina.
c) Naturales.
d) Granulares.

22. Por su origen podemos hablar de áridos:

a) Calizos.
b) De mina.
c) Naturales.
d) Granulares.

23. Por su sistema de obtención podemos hablar de áridos:

a) Calizos.
b) De mina.
c) Naturales.
d) Granulares.

24. Por su naturaleza podemos hablar de áridos naturales:

a) Calizos.
b) De mina.
c) Naturales.
d) Granulares.

25. Entre las características del hormigón duro o endurecido no encontramos:

a) Densidad.
b) Plástico.
c) Compacidad.
d) Permeabilidad.

26. La pulverización sin aire de la pintura para realizar marcas viales es una técnica conocida con el nombre de:

a) Aries.
b) Airless.
c) Ventoler.
d) Aireado.

Solución al test n.º 10

1. b) Seleccionados, adecuados, tolerables, marginales e inadecuados.

2. a) A la parte del árido total retenida en el tamiz 4 mm.

3. a) Ensayo de desgaste Los Ángeles.

4. b) Aguja.

5. b) Estabilizar suelos.

6. a) Del petróleo.

7. d) Todas las respuestas anteriores son correctas.

8. a) Fraguado.

9. d) Hormigón en masa.

10. d) Se refieren a la consistencia del hormigón.

11. d) Cal y cemento.

12. b) Suelos arcillosos, añadiendo entre un 2 y un 7 % de cal.

13. b) Inferior a 5 ºC para capas de espesor mayor de 5 cm, pero para capas de espesor inferior a 5 cm, el mínimo de temperatura es de 8 ºC.

14. a) El Director de las obras.

15. b) Zahorra.

16. d) 3 meses.

17. b) 30 cm.

18. c) Escoria de horno alto.

19. d) 3 meses.

20. a) Flexibles.

21. a) Calizos.

22. b) De mina.

23. c) Naturales.

24. d) Granulares

25. b) Plástico.

26. b) Airless.

TEST N.º 11

Movimiento de tierras. El desmonte. El terraplén. Conocimientos básicos sobre la ejecución. Equipos de maquinaria

1. ¿Qué operación se realiza en primer lugar antes de iniciar el movimiento de tierras en una obra de carretera?

a) Compactación del terreno.
b) Desbroce del terreno.
c) Excavación del terreno.
d) Humectación del terreno.

2. ¿Cuál es la profundidad mínima a la que deben eliminarse los tocones o raíces en el desbroce de la explanación?

a) 10 cm.
b) 30 cm.
c) 50 cm.
d) 100 cm.

3. ¿Qué tipo de demolición es adecuada para construcciones de altura inferior al alcance de la cuchara de la máquina utilizada?

a) Demolición por impacto de bola de gran masa.
b) Demolición por fragmentación mecánica.
c) Demolición con máquina excavadora.
d) Demolición por explosivos.

4. ¿Qué se debe hacer con la madera obtenida durante el desbroce si es susceptible de aprovechamiento?

a) Desecharla junto con los otros residuos.
b) Quemarla en el lugar de la obra.
c) Trocearla y almacenarla cuidadosamente.
d) Enterrarla en una fosa adecuada.

5. ¿Qué se define como la operación de escarificación en el contexto de movimiento de tierras?

a) La compactación de la capa superior del terreno.
b) La disgregación de la superficie del terreno para homogeneizarla.
c) La humectación del terreno antes de la compactación.
d) La eliminación de escombros en la superficie del terreno.

6. ¿Qué es un "supercompactador"?

a) Una máquina utilizada para excavar terrenos muy duros.
b) Una máquina compactadora de gran peso, utilizada para localizar áreas inestables.
c) Un tipo de rodillo vibratorio para compactar terrenos.
d) Un equipo de perforación para rocas duras.

7. ¿Qué se debe hacer si el terreno presenta características tectónico-estructurales complejas durante la excavación?

a) Realizar la excavación sin modificaciones.
b) Adoptar medidas para evitar inestabilidades, como deslizamientos o encharcamientos.
c) Aumentar la velocidad de la excavación.
d) Suspender la obra hasta realizar un nuevo estudio.

8. ¿Cuál es la profundidad mínima de perforación en cimientos antes de la construcción?

a) 20 cm.
b) 30 cm.
c) 50 cm.
d) 1 m.

9. ¿Qué procedimiento se debe seguir cuando se descubre suelo inadecuado en los taludes durante la excavación?

a) Continuar la excavación sin interrupciones.
b) Retirar el suelo inadecuado y reemplazarlo por material de relleno adecuado.
c) Detener la obra hasta que el suelo se asiente.
d) Reforzar el suelo inadecuado con hormigón.

10. ¿Cuál es la longitud máxima permitida para los bancos parciales en la excavación de taludes?

a) 5 m.
b) 10 m.

c) 15 m.
d) 20 m.

11. ¿Qué característica debe presentar el material utilizado en la capa superior de un terraplén?

a) Ser muy compacto y difícil de manejar.
b) Ser granular y permitir deformaciones aceptables.
c) Ser orgánico para facilitar la absorción de agua.
d) Ser impermeable para evitar filtraciones.

12. ¿Cuál es el espesor mínimo de la coronación en un relleno tipo terraplén?

a) 30 cm.
b) 50 cm.
c) 1 m.
d) 1,5 m.

13. ¿Qué operación es necesaria para asegurar la estabilidad de los taludes en la excavación por voladura en roca?

a) Evitar la compactación.
b) Realizar voladuras masivas.
c) Limitar la carga de los barrenos y ajustar la inclinación.
d) Aumentar la profundidad de las perforaciones.

14. ¿Qué debe hacerse si durante la excavación se encuentran cavidades en la cimentación de una explanada?

a) Ignorarlas y continuar con la excavación.
b) Rellenarlas con hormigón de saneo.
c) Sellarlas con tierra vegetal.
d) Dejar las cavidades como están y ajustar la pendiente.

15. ¿Qué se debe hacer cuando la excavación de la explanación revela la presencia de roca en la subrasante?

a) Continuar la excavación sin cambios.
b) Volver a compactar la roca y continuar.
c) Eliminar cualquier material que impida el drenaje y aplicar hormigón de saneo.
d) Cubrir la roca con tierra vegetal.

16. Cuando una carretera queda más alta que el terreno natural circundante, se dice que la carretera va en:

a) Desmonte.
b) Media ladera.

c) Relleno o terraplén.
d) Voladizo.

17. Según la dificultad que presente un terreno a la hora de ser excavado, la excavación será:

a) Excavación en terraplén, en talud o a media ladera.
b) Excavación en relleno, en préstamo o en pedraplén.
c) Excavación en tierra, en terreno de tránsito o en roca.
d) Excavación en suelo blando o excavación en suelo duro.

18. Según su calidad, los suelos para terraplenes se clasifican, de mayor a menor calidad en:

a) Adecuados, seleccionados, tolerables, marginales e inadecuados.
b) Aceptables, tolerables y no aceptables.
c) Tierra, tránsito y roca.
d) Seleccionados, adecuados, tolerables, marginales e inadecuados.

19. Existen tres tipos de explanada:

a) Explanada seleccionada, explanada adecuada y explanada tolerable.
b) Explanada E1, explanada E2 y explanada E3.
c) Explanada marginal, explanada inadecuada y explanada de coronación.
d) Ninguna de las anteriores respuestas es correcta.

20. Se consideran rocas estables frente al agua las que, sometidas a un ensayo de desmoronamiento, según NLT-255, no manifiestan fisuración y la pérdida de peso es inferior al:

a) 2 %.
b) 10 %.
c) 20 %.
d) 50 %.

Solución al test n.º 11

1. b) Desbroce del terreno.

2. c) 50 cm.

3. c) Demolición con máquina excavadora.

4. c) Trocearla y almacenarla cuidadosamente.

5. b) La disgregación de la superficie del terreno para homogeneizarla.

6. b) Una máquina compactadora de gran peso, utilizada para localizar áreas inestables.

7. b) Adoptar medidas para evitar inestabilidades, como deslizamientos o encharcamientos.

8. b) 30 cm.

9. b) Retirar el suelo inadecuado y reemplazarlo por material de relleno adecuado.

10. c) 15 m.

11. b) Ser granular y permitir deformaciones aceptables.

12. b) 50 cm.

13. c) Limitar la carga de los barrenos y ajustar la inclinación.

14. b) Rellenarlas con hormigón de saneo.

15. c) Eliminar cualquier material que impida el drenaje y aplicar hormigón de saneo.

16. c) Relleno o terraplén.

17. c) Excavación en tierra, en terreno de tránsito o en roca.

18. d) Seleccionados, adecuados, tolerables, marginales e inadecuados.

19. b) Explanada E1, explanada E2 y explanada E3.

20. a) 2 %.

TEST N.º 12

Obras de fábrica. Conocimiento de sus distintas clases. Partes de las mismas

1. A la obra de fábrica que permite el paso de una corriente de agua por debajo de un camino se le denomina:

a) Obra subterránea.
b) Obra de desagüe.
c) Obra líquida.
d) Obra fluvial.

2. ¿Qué son los estribos de un puente?

a) Las vigas o arcos donde descansan los pilares.
b) Parte oculta de la obra en contacto directo con el terreno.
c) Los pilares del puente.
d) Los apoyos extremos del tablero.

3. La porción de puente situada entre dos pilas consecutivas o entre una pila y un estribo se llama:

a) Junta.
b) Pretil.
c) Vano.
d) Zapata.

4. Método de cimentación profunda de puentes que se emplea cuando la capa de suelo resistente se encuentra a más de 5 o 6 metros de la superficie:

a) Losas de cimentación.
b) Pozos de cimentación.
c) Zapatas.
d) Pilotes.

5. ¿Cómo se llama a la construcción de la entrada del túnel?

a) Emboquille.
b) Zunchado.
c) Bulonado.
d) Coronado.

6. Arcos de acero que, en unión con el hormigón proyectado, tienen una función de sostenimiento del túnel:

a) Cerchas.
b) Bulones.
c) Zunchos.
d) Pilotes.

7. La cara de un muro que da al terreno que contiene se llama:

a) Trasdós.
b) Intradós.
c) Interdós.
d) Prodós.

8. ¿Qué tipo de escollera se utiliza en encauzamientos y restauraciones fluviales y en determinadas ocasiones en mantos de diques marítimos en talud?

a) Escollera vertida.
b) Escollera abierta.
c) Escollera compactada.
d) Escollera colocada.

9. Es un envolvente o caja metálica, con forma de prisma de base rectangular fabricada con un enrejado de malla de triple torsión de alambre de acero galvanizado, rellena de piedras:

a) Escollera.
b) Tajea.
c) Trasdós.
d) Gavión.

10. ¿Qué nombre recibe la obra pequeña de paso en que las luces son superiores a 1 metro y no exceden de 3 metros?

a) Caño.
b) Pontón.

c) Alcantarilla.
d) Tajea.

11. El marco es una pieza autorresistente de hormigón armado que mediante su disposición en forma de galería consigue ejecutar con rapidez pasos para animales, pasos inferiores peatonales, canalizaciones hidráulicas, colectores de drenaje, galerías de servicios, pasos para pequeños vehículos bajo calzadas, etc. ¿Cómo se llama su cara superior?

a) Losa.
b) Dintel.
c) Pared.
d) Cajón.

12. ¿Qué tipo de estructura de paso enterrado consta de una losa dintel y 2 muros hastíales abiertos, sin losa inferior, que se apoyan en zapatas continuas?

a) Estructura tipo pórtico.
b) Estructura tipo bóveda.
c) Estructura tipo marco.
d) Estructura circular de acero galvanizado.

13. ¿Qué tipo de cunetas se sitúan en la cabecera de los desmontes, desaguando el agua de lluvia procedente de laderas situadas por encima de ellos?

a) Cunetas de guarda.
b) Cunetas triangulares.
c) Cunetas trapeciales.
d) Cunetas reducidas.

14. ¿Cada cuánto espacio se suelen dejar las juntas de contracción en el revestimiento de hormigón de una cuneta?

a) Cada 30 cm.
b) Cada metro.
c) Cada 2 metros.
d) Cada 5 metros.

15.¿Qué nombre recibe el recipiente prismático para la recogida de agua de las cunetas o de las tuberías de drenaje y posterior entrega a un desagüe?

a) Arqueta.
b) Alcantarilla.
c) Pontón.
d) Guarda.

16. ¿Cómo se llama el dispositivo de desagüe, generalmente protegido por una rejilla, para vaciar el agua de lluvia de las calzadas de una carretera, dispuesto de forma que la entrada del agua sea en sentido sensiblemente vertical?

a) Imbornal.
b) Arqueta.
c) Pozo de registro.
d) Sumidero.

17. ¿Qué nombre recibe el elemento de drenaje transversal de sección circular y diámetro inferior a 1 metro?

a) Tajea.
b) Caño.
c) Alcantarilla.
d) Pontón.

18. ¿Cómo se le llama a la franja estrecha longitudinal, en forma de canal revestido de muy poca profundidad, y generalmente situada al borde de la plataforma?

a) Cuneta.
b) Pozo de registro.
c) Caz.
d) Zanja drenante.

19. Parte superior o cimera de la bóveda:

a) Estribo.
b) Intradós.
c) Clave.
d) Arranque.

20. Espacio triangular comprendido entre la bóveda y la imposta. Puede ser macizo o aligerado:

a) Tímpano.
b) Aleta.
c) Arranque.
d) Clave.

Solución al test n.º 12

1. b) Obra de desagüe.

2. d) Los apoyos extremos del tablero.

3. c) Vano.

4. d) Pilotes.

5. a) Emboquille.

6. a) Cerchas.

7. a) Trasdós.

8. d) Escollera colocada.

9. d) Gavión.

10. c) Alcantarilla.

11. b) Dintel.

12. a) Estructura tipo pórtico.

13. a) Cunetas de guarda.

14. c) Cada 2 metros.

15. a) Arqueta.

16. d) Sumidero.

17. b) Caño.

18. c) Caz.

19. c) Clave.

20. a) Tímpano.

TEST N.º 13

Bacheos. Clases. Diferentes materiales empleados. Organización y ejecución de un tajo de bacheo, mano de obra y maquinaria. Blandones. Drenaje

1. ¿Qué tipo de bacheo es más adecuado para reparar grietas pequeñas y depresiones menores en la superficie de la carretera?

a) Bacheo profundo.
b) Bacheo superficial.
c) Bacheo con reciclado.
d) Bacheo estructural.

2. ¿Qué material se utiliza comúnmente en el bacheo profundo para mejorar la estabilidad de la base?

a) Mezcla asfáltica en frío.
b) Termoplásticos.
c) Geotextiles.
d) Arena.

3. ¿Cuál es la principal ventaja del bacheo con reciclado en comparación con otros métodos de bacheo?

a) Mayor rapidez en la ejecución.
b) Mayor durabilidad en condiciones climáticas adversas.
c) Reducción de la necesidad de materiales nuevos y minimización de residuos.
d) Mayor adherencia de la mezcla asfáltica.

4. ¿Cuál de los siguientes materiales se utiliza específicamente para sellar pequeñas grietas en bacheos superficiales?

a) Geotextiles.
b) Emulsiones catiónicas.
c) Arena.
d) Mezcla asfáltica en caliente.

5. ¿Qué maquinaria es esencial para asegurar la adecuada compactación del material de bacheo?

a) Fresadoras.
b) Compactadoras.
c) Camiones de asfalto.
d) Retroexcavadoras.

6. ¿Qué problema en la conservación de carreteras se caracteriza por la formación de depresiones debido a la pérdida de soporte en las capas subyacentes?

a) Grietas por fatiga.
b) Desnivelaciones.
c) Blandones.
d) Erosión superficial.

7. ¿Cuál es una causa común de los blandones en carreteras?

a) Uso de materiales de alta calidad en la subbase.
b) Tráfico ligero constante.
c) Compactación insuficiente durante la construcción.
d) Excesiva exposición al sol.

8. ¿Qué herramienta se utiliza para medir las depresiones y evaluar la severidad de los blandones en una carretera?

a) Georradar.
b) Niveles y teodolitos.
c) Compactadoras.
d) Retroexcavadoras.

9. ¿Qué procedimiento es el primer paso en el tratamiento de un blandón?

a) Colocación de geotextiles.
b) Compactación de la subbase.
c) Excavación del área afectada.
d) Reparación superficial.

10. ¿Qué material se utiliza como relleno debido a su alta capacidad de drenaje y estabilidad en la reparación de blandones?

a) Mezcla asfáltica en frío.
b) Grava y arena.
c) Emulsiones catiónicas.
d) Termoplásticos.

11. ¿Cuál es una buena práctica para prevenir la formación de blandones durante la construcción de una carretera?

a) Utilizar materiales no especificados en las normas técnicas.
b) Compactar adecuadamente todas las capas del pavimento.
c) No preocuparse por el sistema de drenaje.
d) Evitar el uso de geotextiles.

12. ¿Qué tipo de drenaje se encarga de desviar el agua de lluvia lejos de la superficie de la carretera?

a) Drenaje subterráneo.
b) Drenaje de subbase y base.
c) Drenaje superficial.
d) Drenaje longitudinal.

13. ¿Qué función tienen las cunetas en el sistema de drenaje superficial de una carretera?

a) Retener el agua en la carretera.
b) Facilitar la acumulación de agua en la superficie.
c) Recoger y desviar el agua de la superficie de la carretera.
d) Bloquear el paso de agua hacia las capas inferiores.

14. ¿Qué técnica se utiliza para separar, filtrar y reforzar las capas del suelo en proyectos de construcción de carreteras?

a) Uso de mezclas asfálticas en caliente.
b) Aplicación de emulsiones catiónicas.
c) Colocación de geotextiles y geomembranas.
d) Instalación de capas de material granular.

15. ¿Cuál es una práctica recomendada para el mantenimiento regular del sistema de drenaje en carreteras?

a) Dejar la vegetación crecer libremente en las cunetas.
b) Evitar las inspecciones periódicas para reducir costos.
c) Realizar inspecciones regulares para identificar problemas como obstrucciones.
d) Utilizar materiales de baja calidad en el sistema de drenaje.

16. ¿Qué componente del drenaje subterráneo maneja el agua que se infiltra en la subbase y base de la carretera?

a) Geotextiles.
b) Capas de material granular.

c) Drenes subterráneos.
d) Cunetas y zanjas.

17. ¿Cuál es la función de las zanjas de drenaje en el sistema de drenaje superficial?

a) Retener el agua en la carretera.
b) Facilitar la acumulación de agua en la subbase.
c) Canalizar el agua lejos de la base de la carretera.
d) Impedir el paso del agua hacia las capas superiores.

18. ¿Qué se recomienda hacer para evitar obstrucciones en los drenes y cunetas de una carretera?

a) Evitar la limpieza de los drenes para reducir costos.
b) Colocar materiales impermeables en las cunetas.
c) Limpiar regularmente los drenes y cunetas.
d) No realizar ninguna inspección periódica.

19. ¿Qué material se utiliza en la capa de rodadura en el tratamiento y reparación de blandones?

a) Geotextiles.
b) Grava y arena.
c) Mezcla asfáltica en caliente.
d) Emulsiones catiónicas.

20. ¿Qué técnica permite evaluar espesores de forma continuada sin contacto con el pavimento?

a) Georradar.
b) Nivelación manual.
c) Compactación por vibración.
d) Fresado del pavimento.

Solución al test n.º 13

1. b) Bacheo superficial.

2. c) Geotextiles.

3. c) Reducción de la necesidad de materiales nuevos y minimización de residuos.

4. b) Emulsiones catiónicas.

5. b) Compactadoras.

6. ¿c) Blandones.

7. c) Compactación insuficiente durante la construcción.

8. b) Niveles y teodolitos.

9. c) Excavación del área afectada.

10. b) Grava y arena.

11. b) Compactar adecuadamente todas las capas del pavimento.

12. c) Drenaje superficial.

13. c) Recoger y desviar el agua de la superficie de la carretera.

14. c) Colocación de geotextiles y geomembranas.

15. c) Realizar inspecciones regulares para identificar problemas como obstrucciones.

16. c) Drenes subterráneos.

17. c) Canalizar el agua lejos de la base de la carretera.

18. c) Limpiar regularmente los drenes y cunetas.

19. c) Mezcla asfáltica en caliente.

20. a) Georradar.

TEST N.º 14

Ligera descripción de la maquinaria utilizada en conservación de carreteras. Uso de maquinaria auxiliar: motosierras, sierras de disco, desbrozadoras, segadoras de hilo y similares

1. Indique la opción que no sea un tipo de compactador:

a) De suelo.
b) Vibratorios de suelo.
c) Horizontales.
d) Neumáticos.

2. Indica la afirmación falsa sobre el compactador vibratorio:

a) Consta de uno o dos rodillos metálicos que vibran.
b) Suele compactar capas superiores a 100 cm de espesor.
c) Compacta debido al peso del mismo y a la vibración que produce.
d) Durante su trabajo, este compactador circula a baja velocidad.

3. Señala la afirmación falsa sobre el compactador de neumáticos:

a) Tiene neumáticos en vez de rodillos.
b) Los neumáticos están repartidos en dos trenes: el delantero y el trasero.
c) Son utilizados normalmente en acabados de capas asfálticas porque sella o cierra la superficie de la capa de rodadura.
d) El poder de compactación viene dado por la vibración que produce la máquina.

4. ¿Con qué compactador se compactan las arcillas?

a) Con el de suelo.
b) Con el vibratorio.
c) Con el de pata de cabra.
d) Con los pisones vibrantes.

5. Las bombas de hormigón son máquinas que impulsan el hormigón a través de:

a) Cubetas.
b) Una tubería articulada.
c) Cubos.
d) Carretillas.

6. Cuando se prepara el mortero en la hormigonera, se añade el cemento:

a) Como primer componente.
b) Después del aditivo.
c) Después de la grava.
d) Como último componente.

7. En las hormigoneras se obtienen mezclas tanto de mortero como de hormigón más...

a) Heterogéneas.
b) Diluidas.
c) Homogéneas.
d) Espumosas.

8. El hormigón que se fabrica en las autohormigoneras, ¿es de alta calidad?

a) Sí.
b) No.
c) Depende de la cubeta.
d) Depende del conductor.

9. ¿Se debe limpiar la parte interior de la cubeta de la hormigonera una vez que se haya acabado el trabajo?

a) Sí, con agua.
b) No hace falta.
c) Depende del tipo de trabajo al que haya estado sometida.
d) No, si es eléctrica.

10. ¿Con qué máquina se excavan zanjas y pozos?

a) Pala cargadora.
b) Retroexcavadora.
c) Tractor de cadenas.
d) Compactador vibratorio.

11. ¿Qué apero se coloca en el brazo de la retroexcavadora para romper materiales duros?

a) Martillo neumático.
b) Pisón.
c) Ripador.
d) Martillo hidráulico.

12. Los compactadores de neumáticos se emplean en:

a) Compactación final de capas asfálticas.
b) Compactación de zahorras artificiales.
c) Compactación de terraplenes.
d) Compactación de pedraplenes.

13. Los compactadores de pata de cabra se emplean en:

a) Compactación final de capas asfálticas.
b) Compactación de zahorras artificiales.
c) Compactación de suelos arcillosos.
d) Compactación de suelos arenosos.

14. La niveladora se emplea para:

a) Perfilar taludes.
b) Extender zahorras.
c) Perfilar cunetas.
d) Todas las respuestas anteriores son correctas.

15. ¿Qué uso no corresponde a las mototraíllas?

a) Cargar suelos.
b) Transportar suelos.
c) Compactar suelos.
d) Extender suelos.

16. ¿Cómo se llama el arado trasero del tractor de cadenas?

a) Escarificador.
b) Bulldozer.
c) Trépano.
d) Acanalador.

17. ¿Cómo se llama el camión que transporta maquinaria de obras públicas por carretera?

a) Camión volquete.
b) Dumper.
c) Camión grúa.
d) Góndola.

18. ¿Cómo se guía la extendedora para ejecutar con precisión el extendido de los asfaltos?

a) Únicamente por la pericia del conductor, que ha de ser muy experto.
b) Merced a unas guías laterales previamente colocadas.
c) Mediante GPS.
d) Dos operarios situados a pie de obra guían al conductor.

19. ¿Cómo se extienden las emulsiones bituminosas en las obras de carreteras?

a) Mediante cubas dotadas de aspersores.
b) Mediante bombas de hormigón.
c) Mediante extendedoras.
d) Todas las respuestas anteriores son correctas.

20. ¿Qué máquina es capaz de rebajar un pavimento?

a) El martillo hidráulico.
b) La mototraílla.
c) La extendedora de aglomerado.
d) La fresadora.

21. Una motosierra mediana:

a) Pesa entre 5 y 8,5 kg y tiene motores de entre 30 y 40 cc de cilindrada.
b) Pesa entre 5 y 8,5 kg y tiene motores de entre 45 y 65 cc de cilindrada.
c) Pesa entre 5 y 8,5 kg y tiene motores de entre 65 y 85 cc de cilindrada.
d) Pesa entre 8 y 8,5 kg y tiene motores de entre 45 y 65 cc de cilindrada.

22. La espada de 60 cm se usa para troncos de diámetros de entre:

a) 60 cm y un metro.
b) 80 cm y metro y medio.
c) 60 cm y 80 cm.
d) 30 cm y 60 cm.

23. La cilindrada normal de una motosierra es de:

a) Menor de 30 centímetros cúbicos.
b) Entre 40 y 60 centímetros cúbicos.
c) Entre 30 y 150 centímetros cúbicos.
d) Entre 30 y 100 centímetros cúbicos.

24. Si el fabricante de aceite pone la proporción "1:40", ¿cuántos cc de aceite debemos usar por litro de gasolina?

a) 15.
b) 25.
c) 20.
d) 30.

25. La parte fija del motor de una motosierra está compuesta por:

a) La biela, el cilindro y el cigüeñal.
b) El pistón, la biela, el cigüeñal y el volante.
c) La culata, el cilindro y el cárter.
d) La biela, el cigüeñal y el cárter.

26. La cilindrada es:

a) El volumen del cilindro.
b) El volumen del pistón.
c) El producto de la división del diámetro por la longitud del cilindro.
d) El producto de la multiplicación del diámetro por la longitud del cilindro.

27. El elemento que conecta el pistón con el cigüeñal transmitiendo el movimiento se denomina:

a) Biela.
b) Rotor.
c) Válvula.
d) Volante.

28. La temperatura de una bujía debe mantenerse entre:

a) 1.500 y 2.500 grados aproximadamente.
b) 200 y 600 grados aproximadamente.
c) 500 y 2.000 grados aproximadamente.
d) 500 y 900 grados aproximadamente.

29. ¿Cuál de estas no es un tipo de espada?

a) Con punta de piñón.
b) Con punta fija.
c) Con punta mejorada.
d) Con punta intercambiable.

30. Se dice que tenemos una cadena Rapid Micro cuando su diente cortante es:

a) Semirredondo.
b) Semicuadrado.
c) Cuadrado.
d) Redondo.

31. La distancia entre la parte superior del limitador de profundidad y la arista del filo se denomina:

a) Profundidad de estabilización.
b) Ángulo de ataque.
c) Profundidad de corte.
d) Profundidad de ataque.

32. Para saber la medida del paso de la cadena:

a) Se mide la distancia entre tres remaches consecutivos y ese resultado se divide por tres.
b) Se mide la distancia entre dos remaches consecutivos y ese resultado se divide por dos.
c) Se mide la distancia entre dos remaches consecutivos y ese resultado se divide por tres.
d) Se mide la distancia entre tres remaches consecutivos y ese resultado se divide por dos.

33. ¿Qué sistema de corte es el más recomendable siempre que se pueda?

a) Con la parte inferior de la espada.
b) Con la punta de la espada.
c) Con la parte superior de la espada.
d) Con la espada torcida.

34. El filtro de aire se debe limpiar:

a) Las veces que sea necesario en el día.
b) Solo una vez al día.
c) Una vez a la semana.
d) Nunca.

35. El sistema de ventilación del volante se debe revisar:

a) Todos los días.
b) Una vez a la semana.
c) Cada mes.
d) Cada año.

36. Al cortar un árbol el resto del personal deberá ubicarse a una distancia:

a) Una vez la altura del árbol que se está apeando.
b) Vez y media la altura del árbol que se está apeando.
c) Tres veces la altura del árbol que se está apeando.
d) El doble de la altura del árbol que se está apeando.

37. ¿Cuál de estas no es un tipo de desbrozadora acoplada a la toma de fuerza del tractor?

a) De cadenas.
b) Motodesbrozadora.
c) De cuchillas.
d) De martillos.

38. ¿Cuál de estos no se considera equipo de protección individual imprescindible en el uso de desbrozadoras manuales?

a) Gafas.
b) Guantes.
c) Peto.
d) Casco.

39. En relación a con las sierras circulares, ¿cuál de estas afirmaciones es cierta?

a) Tiene un motor con empuñadura y plataforma de apoyo y una guía lateral. Su hoja gira a gran velocidad, siendo más rápida que las sierras de calar.
b) Sirven para realizar cortes largos en línea recta en grandes superficies, fundamentalmente en aglomerados, maderas macizas, plásticos, etc. Estas máquinas nos permiten realizar cortes tanto en ángulo recto como en chaflán.
c) Las respuestas a) y b) son correctas.
d) Ninguna de las anteriores es correcta.

40. Las segadoras de hilo utilizan un hilo de:

a) Cáñamo.
b) Nylon.
c) Acero.
b) Cuero.

Solución al test n.º 14

1. c) Horizontales.

2. b) Suele compactar capas superiores a 100 cm de espesor.

3. d) El poder de compactación viene dado por la vibración que produce la máquina.

4. c) Con el de pata de cabra.

5. b) Una tubería articulada.

6. d) Como último componente.

7. c) Homogéneas.

8. b) No.

9. a) Sí, con agua.

10. b) Retroexcavadora.

11. d) Martillo hidráulico.

12. a) Compactación final de capas asfálticas.

13. c) Compactación de suelos arcillosos.

14. d) Todas las respuestas anteriores son correctas.

15. c) Compactar suelos.

16. a) Escarificador.

17. d) Góndola.

18. b) Merced a unas guías laterales previamente colocadas.

19. a) Mediante cubas dotadas de aspersores.

20. d) La fresadora.

21. b) Pesa entre 5 y 8,5 kg y tiene motores de entre 45 y 65 cc de cilindrada.

22. a) 60 cm y un metro.

23. d) Entre 30 y 100 centímetros cúbicos.

24. b) 25.

25. c) La culata, el cilindro y el cárter.

26. d) El producto de la multiplicación del diámetro por la longitud del cilindro.

27. a) Biela.

28. d) 500 y 900 grados aproximadamente.

29. c) Con punta mejorada.

30. b) Semicuadrado.

31. c) Profundidad de corte.

32. d) Se mide la distancia entre tres remaches consecutivos y ese resultado se divide por dos.

33. a) Con la parte inferior de la espada.

34. a) Las veces que sea necesario en el día.

35. b) Una vez a la semana.

36. d) El doble de la altura del árbol que se está apeando.

37. b) Motodesbrozadora.

38. c) Peto.

39. c) Las respuestas a) y b) son correctas.

40. b) Nylon.

TEST N.º 15

Señalización vertical. Principios fundamentales. Prescripciones generales. Clases de señales. Significado de las señales

1. En una vía rápida, la placa de la señal de limitación de velocidad a 120 km/h tiene un diámetro de:

a) 150 cm.
b) 120 cm.
c) 175 cm.
d) 135 cm.

2. Las señales verticales se clasifican en estos grupos:

a) Señales de advertencia de peligro, señales de reglamentación y señales de indicación.
b) Señales de orientación, señales de peligro y señales de recomendación.
c) Señales retrorreflectantes y no retrorreflectantes.
d) Señales de advertencia de peligro, señales de orientación y señales de reglamentación.

3. Las señales de reglamentación son siempre circulares:

a) Verdadero.
b) Falso.
c) Son siempre triangulares.
d) Todas las respuestas anteriores son falsas.

4. ¿Cuál es el máximo número de destinos que debe aparecer en un cartel de orientación?

a) Dos.
b) Cuatro.
c) Uno.
d) Tres.

5. Las barreras de seguridad rígidas son:

a) Las metálicas.
b) Las de hormigón no ancladas.
c) Las de hormigón anclado a la plataforma.
d) Las barreras reducidas.

6. La propiedad retrorreflectante de las señales verticales debe estar garantizada por el fabricante durante:

a) 5 años.
b) 2 años.
c) 6 meses.
d) 2 años de garantía a las marcas viales permanentes y 3 meses a las provisionales.

7. ¿Cuál es la altura de los hitos de arista?

a) 1,05 m.
b) 50 cm.
c) 80 cm.
d) Entre 50 y 80 cm.

8. Entre las dotaciones de las carreteras encontramos:

a) Defensas.
b) Señales.
c) Balizas.
d) Todas son correctas.

9. A que distancia máxima podría ser percibido un símbolo que tiene una altura de 50 cm?

a) 1000 m.
b) 450 m.
c) 400 m.
d) 500 m.

10. ¿Qué altura tendrán las señales verticales en carreteras convencionales con arcén inferior a 1,5 m?

a) 1,5 m
b) 1,8 m.
c) 2 m.
d) 2,5 m.

11. ¿A qué distancia mínima del borde del arcén se colocan las señales verticales en vías rápidas?

a) 0,2 m.
b) 0,5 m.
c) 0,7 m.
d) 0,8 m.

12. ¿A qué distancia mínima del borde de la calzada se colocan las señales verticales en carreteras convencionales con arcén superior a 1,5 m?

a) 2 m.
b) 2,5 m.
c) 1 m.
d) 1,5 m.

13. ¿Qué grados forma el plano de la señal con el eje de la vía para evitar que los rayos solares reflejados por la señal disminuyan su visibilidad?

a) 80º.
b) 90º.
c) 95º.
d) 93º.

14. Las curvas con radio superior a 400 m (curvas abiertas):

a) Requieren señalización en todo caso.
b) Sólo requieren señalización en carreteras convencionales.
c) No requieren señalización en carreteras convencionales.
d) Ninguna es correcta.

15. Dispositivos de guía óptica para los usuarios de las carreteras, capaces de reflejar por medio de reflectores, la mayor parte de la luz incidente, procedente generalmente de los faros de los vehículos. Esta es la definición de:

a) Elementos de balizamiento retrorreflectantes.
b) Señales de tráfico verticales.
c) Luces de maniobras de obra.
d) Señales de tráfico horizontales.

Solución al test n.º 15

1. b) 120 cm.

2. a) Señales de advertencia de peligro, señales de reglamentación y señales de indicación.

3. b) Falso.

4. d) Tres.

5. c) Las de hormigón anclado a la plataforma.

6. a) 5 años.

7. a) 1,05 m.

8. d) Todas son correctas.

9. c) 400 m.

10. a) 1,5 m

11. c) 0,7 m.

12. b) 2,5 m.

13. d) 93º.

14. c) No requieren señalización en carreteras convencionales.

15. a) Elementos de balizamiento retrorreflectantes.

TEST N.º 16

Señalización horizontal. Marcas viales: definición. Función de las marcas viales. Clasificación. Marcas longitudinales. Marcas transversales. Marcas complementarias. Marcas fuera de la calzada

1. La diferencia entre las señales horizontales y las marcas viales es:

a) Las señales horizontales deben durar al menos cinco años y las marcas viales 2 años.
b) Las marcas horizontales son para obras y las señales horizontales son permanentes.
c) No existe diferencia.
d) La marcas viales son líneas de color amarillo, mientras que las señales horizontales son blancas.

2. Los dameros son marcas viales permanentes utilizadas para la señalización de acceso a un lecho de frenado, y son de color:

a) Amarillo.
b) Blanco.
c) Rojo.
d) Azul.

3. ¿Con qué material se ejecutan las señales horizontales?

a) Plástico.
b) Pintura.
c) Tiras prefabricadas adheridas.
d) Todas las anteriores respuestas son correctas.

4. ¿Cuál es el plazo de garantía de las señales horizontales?

a) 2 años.
b) 3 meses.
c) 6 meses.
d) 2 años de garantía a las marcas viales permanentes y 3 meses a las provisionales.

5. Las marcas viales tipo II, son:

a) Marcas diseñadas para la lluvia.
b) Marcas viales retrorreflexivas.
c) Marcas viales estructuradas.
d) Marcas viales sonoras.

6. Las marcas viales sonoras deben ser:

a) Permanentes o retrorreflexivas.
b) Rebordeadas.
c) Permanentes y tipo II.
d) No estructuradas.

7. La pulverización de termoplástico caliente es un sistema de aplicación muy apropiado para marcas viales en capas gruesas de:

a) Pavimento de hormigón.
b) Microaglomerado en frío.
c) Mezcla bituminosa drenante microaglomerado.
d) Mezcla bituminosa.

8. De los siguientes métodos de aplicación para marcas viales, el más apropiado sobre una imprimación de pavimento de hormigón es:

a) Pulverización alcídica.
b) Extrusión de termoplástico caliente.
c) Pulverización de una imprimación transparente o negra acrílica.
d) Pulverización de termoplástico caliente.

9. Para la eliminación de las marcas viales está expresamente prohibido:

a) La utilización de agua a presión.
b) La proyección de abrasivos.
c) El fresado mediante la utilización de sistemas fijos rotatorios.
d) El empleo de decapantes y procedimientos térmicos.

10. ¿Con qué se consigue el fenómeno de la retrorreflexión o reflectorización en las carreteras?

a) Con las señales verticales.
b) Con las señales luminosas de obra.
c) Con las marcas viales con pintura blanca en las carreteras.
d) Ninguna de las anteriores es correcta.

11. Las señales horizontales o marcas viales son líneas o figuras, aplicadas sobre el pavimento, que tienen por misión:

a) Delimitar carriles de circulación.
b) Indicar el borde de la calzada.
c) Completar o precisar el significado de señales verticales y semáforos.
d) Todas son correctas.

12. La macrotextura superficial en la marca vial permite la consecución de efectos acústicos o vibratorios al paso de las ruedas, cuya intensidad puede regularse mediante:

a) La variación de la altura
b) La forma.
c) La separación de resaltes.
d) Todas son correctas.

13. ¿Con que material se consigue la retrorreflexión en las marcas viales?

a) Ninguno, pues la retrorreflexión se utiliza solamente en elementos de balizamiento.
b) Fibra de carbono.
c) Microesferas de vidrio.
d) Aluminio galvanizado.

14. ¿De que color es el rebordeo en las marcas viales?

a) Amarillo.
b) Blanco mate.
c) Gris.
d) Negro.

15. ¿Qué nombre recibe el espacio entre tazos en las líneas longitudinales discontinuas pintadas en las vías?

a) Trazo.
b) Vano.
c) Cazo.
d) Pazo.

Solución al test n.º 16

1. c) No existe diferencia.

2. c) Rojo.

3. d) Todas las anteriores respuestas son correctas.

4. d) 2 años de garantía a las marcas viales permanentes y 3 meses a las provisionales.

5. b) Marcas viales retrorreflexivas.

6. c) Permanentes y tipo II.

7. d) Mezcla bituminosa.

8. c) Pulverización de una imprimación transparente o negra acrílica.

9. d) El empleo de decapantes y procedimientos térmicos.

10. c) Con las marcas viales con pintura blanca en las carreteras.

11. d) Todas son correctas.

12. d) Todas son correctas.

13. c) Microesferas de vidrio.

14. d) Negro.

15. b) Vano.

TEST N.º 17

Señalización de obras en carreteras y señalizaciones de emergencia en casos de accidentes o desperfectos de la carretera. Problemas que plantean

1. ¿Cuál es el objetivo principal de la señalización especial en zonas de obras en carreteras?

a) Informar a los usuarios de la presencia de las obras.
b) Proteger a los trabajadores de la obra.
c) Ordenar la circulación y adaptarla a las circunstancias de la obra.
d) Evitar daños en los vehículos que transitan por la zona.

2. ¿Qué debe tener en cuenta el director de la obra al diseñar la señalización de una obra en carretera?

a) La velocidad máxima permitida en la vía.
b) El tipo de vehículos que circulan por la vía.
c) La visibilidad disponible antes y a lo largo de la zona de obras.
d) El costo de los materiales de señalización.

3. ¿Qué tipo de balizamiento se utiliza para señalar la ocupación parcial de un carril en una obra en carretera?

a) Conos TB-6 y paneles TB-1 o TB-2.
b) Barreras de seguridad tipo TD.
c) Señales luminosas TL-8.
d) Captafaros TB-10.

4. ¿Qué debe hacerse si la señalización permanente es contradictoria con la señalización de la obra?

a) Mantener ambas señalizaciones para evitar confusiones.
b) Anular la señalización permanente mientras dure la obra.

c) Colocar señales adicionales para aclarar la situación.
d) No es necesario tomar ninguna medida.

5. ¿Qué se debe considerar al establecer un itinerario alternativo debido a una obra en carretera?

a) La longitud del desvío.
b) La capacidad del itinerario para soportar el volumen de tráfico desviado.
c) El tipo de vehículos permitidos en el itinerario.
d) La distancia entre la obra y el desvío.

6. ¿Qué elemento de balizamiento se recomienda para señalar el borde longitudinal de una zona de obras con riesgo de accidentes graves?

a) Conos TB-6.
b) Piquetes TB-7 o hitos de borde TB-11.
c) Paneles TB-1.
d) Captafaros TB-10.

7. ¿Qué medida debe tomarse cuando una obra en carretera requiere el cierre total de la calzada?

a) Instalar semáforos temporales.
b) Desviar todo el tráfico por un itinerario alternativo.
c) Reducir la velocidad máxima permitida.
d) Colocar barreras de seguridad en ambos lados de la calzada.

8. ¿Qué característica es fundamental para la credibilidad de la señalización en una obra en carretera?

a) Que sea muy visible desde gran distancia.
b) Que se mantenga durante todo el tiempo que dure la obra.
c) Que esté justificada y sea creíble para los usuarios.
d) Que se complemente con señales luminosas.

9. ¿Qué tipo de señalización debe emplearse cuando una obra en carretera se extiende durante horas nocturnas?

a) Señales reflectantes únicamente.
b) Señales reflectantes acompañadas de elementos luminosos.
c) Señales luminosas sin reflectantes.
d) Conos TB-6 exclusivamente.

10. ¿Qué medida de señalización es necesaria en un carril provisional de sentido único alternativo?

a) Balizamiento del borde izquierdo del carril.
b) Balizamiento del cierre del carril ocupado por la obra.
c) Colocación de semáforos temporales.
d) Señalización de la calzada con marcas viales blancas.

11. ¿Qué elemento debe utilizarse para el cierre de un carril a la circulación en una zona de obras?

a) Captafaros TB-10.
b) Conos TB-6 con una separación de 20 metros.
c) Paneles TB-1 o TB-2, complementados con conos TB-6.
d) Barreras de seguridad tipo TD.

12. ¿Qué color deben tener las marcas viales en una zona de obras en carretera?

a) Blanco o amarillo.
b) Amarillo o naranja.
c) Rojo o blanco.
d) Azul o verde.

13. ¿Qué tipo de vía requiere un estudio especial para la señalización de una zona fija de obras?

a) Vías de doble calzada con mediana.
b) Vías urbanas o nudos.
c) Vías de doble sentido de circulación, calzada única con dos carriles.
d) Vías de doble sentido de circulación, calzada única con cuatro carriles.

14. ¿Qué elemento se utiliza para balizar una zona de obras durante la noche con alta visibilidad?

a) Conos TB-6.
b) Elementos luminosos TL-2 o TL-8.
c) Paneles TB-1 únicamente.
d) Captafaros TB-10.

15. ¿Qué se debe hacer antes de retirar la señalización de una obra en carretera?

a) Colocar nuevas señales para advertir la finalización de la obra.
b) Restablecer la señalización permanente que corresponda.
c) Informar a los usuarios mediante carteles informativos.
d) Realizar una inspección completa de la zona.

16. ¿Cuál es la distancia recomendada entre conos TB-6 en una zona de cierre de carril?

a) Entre 1 y 2 metros.
b) Entre 3 y 5 metros.
c) Entre 5 y 10 metros.
d) Entre 15 y 20 metros.

17. ¿Qué se debe hacer si una obra en carretera requiere la ocupación del arcén?

a) Desviar todo el tráfico a otro carril.
b) Balizar la zona con un panel TB-1 o TB-2, y, si es necesario, un elemento luminoso TL-2.
c) Colocar barreras de seguridad en el arcén.
d) Aumentar la velocidad máxima permitida en la zona.

18. ¿Qué se debe tener en cuenta al colocar los elementos de señalización de una obra en carretera?

a) Colocarlos en el orden en que los encuentre el usuario.
b) Colocarlos en función del costo de los materiales.
c) Colocarlos lo más cerca posible de la obra.
d) Colocarlos al azar para que sean visibles desde cualquier ángulo.

19. ¿Qué tipo de balizamiento es necesario cuando se establece una ordenación en sentido único alternativo?

a) Balizamiento del borde izquierdo del carril provisional.
b) Balizamiento del cierre del carril ocupado por la obra.
c) Colocación de conos TB-6 en ambos lados del carril.
d) Uso exclusivo de señales luminosas TL-8.

20. ¿Cuál es el primer paso al colocar la señalización de una obra en carretera?

a) Descargar todo el material en el lugar de la obra.
b) Colocar la señalización de acuerdo con el orden en que la encuentre el usuario.
c) Informar a los usuarios mediante carteles.
d) Colocar las señales más visibles primero.

21. La señalización de obra se retira:

a) En general, en el mismo orden en que se colocó.
b) En general, en orden inverso a como se colocó.
c) Depende del tipo de vía.
d) Ninguna de las anteriores respuestas es correcta.

22. ¿Cuándo se deben balizar los tramos de carretera afectados por obras?

a) Cuando existan zonas vedadas a la circulación, tales como el arcén, parte del carril contiguo, un carril cerrado o la propia obra.
b) Cuando se dispongan carriles provisionales cuyo trazado o anchura difieran de los que habría sin la presencia de las obras.
c) Cuando se establezca una ordenación de la circulación que pueda implicar su detención (sentido único alternativo).
d) Las tres respuestas anteriores son correctas.

23. Una obra que se realice fuera de la plataforma de una carretera:

a) Requiere señalización cuando represente un peligro para la circulación.
b) No se señaliza nunca, pues está fuera de la carretera.
c) Sólo se señaliza de noche mediante balizas luminosas.
d) Requiere señalización en climas lluviosos.

24. Las marcas viales de obra son de color:

a) Naranja.
b) Amarillo.
c) Rojo.
d) Naranja o amarillo.

Solución al test n.º 17

1. c) Ordenar la circulación y adaptarla a las circunstancias de la obra.

2. c) La visibilidad disponible antes y a lo largo de la zona de obras.

3. a) Conos TB-6 y paneles TB-1 o TB-2.

4. b) Anular la señalización permanente mientras dure la obra.

5. b) La capacidad del itinerario para soportar el volumen de tráfico desviado.

6. b) Piquetes TB-7 o hitos de borde TB-11.

7. b) Desviar todo el tráfico por un itinerario alternativo.

8. c) Que esté justificada y sea creíble para los usuarios.

9. b) Señales reflectantes acompañadas de elementos luminosos.

10. b) Balizamiento del cierre del carril ocupado por la obra.

11. c) Paneles TB-1 o TB-2, complementados con conos TB-6.

12. b) Amarillo o naranja.

13. b) Vías urbanas o nudos.

14. b) Elementos luminosos TL-2 o TL-8.

15. b) Restablecer la señalización permanente que corresponda.

16. c) Entre 5 y 10 metros.

17. b) Balizar la zona con un panel TB-1 o TB-2, y, si es necesario, un elemento luminoso TL-2.

18. a) Colocarlos en el orden en que los encuentre el usuario.

19. b) Balizamiento del cierre del carril ocupado por la obra.

20. b) Colocar la señalización de acuerdo con el orden en que la encuentre el usuario.

21. b) En general, en orden inverso a como se colocó.

22. d) Las tres respuestas anteriores son correctas.

23. a) Requiere señalización cuando represente un peligro para la circulación.

24. d) Naranja o amarillo.

TEST N.º 18

Vialidad invernal: maquinaria, materiales, instalaciones y medios personales

1. En una carretera con placas de hielo y previsiones de temperaturas de hasta – 25 ºC, ¿qué fundente usaríamos?

a) Abrasivos.
b) Cloruro Cálcico.
c) Cloruro Sódico.
d) Calentadores de asfalto.

2. Para tratamientos preventivos, qué tipo de fundente utilizaremos:

a) Sal sólida.
b) No es necesario utilizar fundentes.
c) Salmuera y sal humidificada.
d) Abrasivos.

3. Los tratamientos en negro y en blanco, ¿de qué tipo son?

a) Tratamientos curativos.
b) Tratamientos preventivos.
c) El tratamiento en negro es curativo y el blanco preventivo.
d) Tratamientos en caliente.

4. Para clasificar la nieve según la intensidad, ¿qué tiempo debe transcurrir de precipitación para tomar los datos pertinentes?

a) 1 semana.
b) 1 día.
c) 12 horas.
d) 3 horas.

5. Hasta qué temperatura es eficaz el Cloruro Sódico:

a) > -5 ºC.
b) < - 5 ºC.

c) Entre - 10 ºC y – 30 ºC.
d) < -30 ºC.

6. Ser exotérmico es una propiedad de:

a) El Cloruro Sódico.
b) El Cloruro Cálcico.
c) El Cloruro Sódico y el Cloruro Cálcico.
d) Ningún fundente posee esa propiedad.

7. Dentro de los tratamientos contra la nieve, ¿cuál es el más recomendable?

a) Tratamiento en negro.
b) Tratamiento en blanco.
c) Es mejor no tratarlo.
d) Aplicar abrasivos.

8. El uso del Cloruro Cálcico como tratamiento preventivo, ¿puede reducir la adherencia del firme tratado?

a) Sí.
b) No.
c) El Cloruro Cálcico no se utiliza en tratamientos preventivos.
d) Sólo si es mezclado con Cloruro Sódico.

9. ¿Qué nombre recibe la fina capa de hielo que aparece a veces en calzadas y aceras?

a) Vangles.
b) Verglás.
c) Escarcha.
d) Nevero.

10. ¿Qué dos fenómenos meteorológicos afectan a la formación de la nieve?

a) La temperatura y el viento.
b) El viento y la lluvia.
c) La lluvia y la niebla.
d) El sol.

11. Cuando se acumula gran cantidad de nieve en la calzada por la acción del viento, ¿cómo se denomina dicha formación?

a) Verglás.
b) Vendaval.

c) Ventisquero.
d) Nevero.

12. En qué tipo de maquinaria se encuadra una fresadora:

a) De limpieza de nieve estática.
b) De limpieza de nieve dinámica.
c) De extendido.
d) De compactado.

13. ¿Quién lleva a cabo la dirección, organización, control y seguimiento de la Vialidad Invernal en el ámbito de un Contrato de Conservación?

a) El Jefe de la Sección de Conservación y Explotación del Servicio Territorial.
b) El Delegado del Gobierno de la Junta de Castilla y León.
c) El Director General de Explotación de la Consejería de Fomento.
d) El encargado de explotación.

14. Si quisiéramos retirar de la calzada un espesor de 1 metro de nieve y que no se acumulase en los arcenes, ¿cuál sería la máquina más adecuada para realizar este trabajo?

a) La cuña.
b) El buldozer.
c) La retroexcavadora.
d) La turbo-fresa.

15. ¿Cuánto tiempo podrá estar cerrada una carretera con prioridad normal tras una nevada?

a) 3 horas.
b) 6 horas máximo.
c) 9 horas máximo.
d) 12 horas máximo.

16. ¿Qué personal de la Administración se encarga de la vigilancia de las carreteras para la campaña de Vialidad Invernal?

a) El vigilante de obras.
b) El auxiliar de carreteras.
c) El auxiliar de carreteras en información.
d) El vigilante de explotación.

17. Hemos medido la densidad de la nieve tras una precipitación, si su valor es de 165 kg/m³, ¿qué tipo de nieve tendremos?

a) Nieve seca.
b) Nieve nueva seca.

c) Nieve húmeda.
d) Nieve de ventisquero.

18. De esta lista de máquinas, ¿cuál es la menos agresiva con el firme?

a) Hoja plana.
b) Extendedora de fundente.
c) Cuña.
d) Fresadora.

19. ¿Qué hace que la cuña pueda retirar mayores espesores de nieve que una hoja curva?

a) Que es portada por camiones de mayor tamaño y caballaje.
b) Que tiene gran variedad de ángulos de ataque gracias a sus dos hojas.
c) Que tiene un peso superior a la hoja curva.
d) Que el material del que están hechas sus cuchillas es más duro.

20. ¿Cómo actúan los abrasivos?

a) Dotan de cierta rugosidad a la capa de rodadura de las carreteras afectadas por problemas de nieve o hielo.
b) Al ser exotérmicos funden la nieve y el hielo.
c) Como tratamiento preventivo, no permiten que se forme el hielo por sus características exotérmicas.
d) No permiten que se acumule la nieve en los tratamientos en negro.

21. ¿Cuántos meses de duración tiene el Plan de Vialidad Invernal en Castilla y León?

a) 3 meses.
b) 5 meses.
c) 6 meses.
d) 4 meses.

22. ¿En qué fecha finaliza el Plan de Vialidad Invernal en Castilla y León?

a) 1 de noviembre.
b) 30 de abril.
c) 31 de marzo.
d) 28 de febrero.

23. ¿Con cuantos efectivos de personal cuenta el actual Plan de Vialidad Invernal en Castilla y León?

a) 469.
b) 701.

c) 558.
d) 629.

24. Este sistema permite dar avisos de alerta generalizada a la población en situaciones de emergencia o catástrofes en un territorio directamente a través del teléfono móvil, mediante el envío de SMS:

a) Art-aler.
b) Es-Alert.
c) ES-Cyl.
d) Alert-Cyl.

Solución al test n.º 18

1. b) Cloruro Cálcico.

2. c) Salmuera y sal humidificada.

3. a) Tratamientos curativos.

4. d) 3 horas.

5. a) > -5 ºC.

6. b) El Cloruro Cálcico.

7. a) Tratamiento en negro.

8. a) Sí.

9. b) Verglás.

10. a) La temperatura y el viento.

11. c) Ventisquero.

12. b) De limpieza de nieve dinámica.

13. a) El Jefe de la Sección de Conservación y Explotación del Servicio Territorial.

14. d) La turbo-fresa.

15. b) 6 horas máximo.

16. d) El vigilante de explotación.

17. c) Nieve húmeda.

18. b) Extendedora de fundente.

19. b) Que tiene gran variedad de ángulos de ataque gracias a sus dos hojas.

20. a) Dotan de cierta rugosidad a la capa de rodadura de las carreteras afectadas por problemas de nieve o hielo.

21. c) 6 meses.

22. b) 30 de abril.

23. a) 469.

24. b) Es-Alert.

Derechos y obligaciones del empleado según la normativa de prevención de riesgos laborales en obras de conservación de carreteras

1. Qué artículo de la Constitución Española indica que los poderes públicos deben velar por la seguridad e higiene en el trabajo:

Artículo 28.

Artículo 35.

Artículo 40.

Artículo 43.

¿Qué se entiende por "riesgo laboral"?

La posibilidad de que un trabajador sufra un determinado daño derivado del trabajo.

La posibilidad de que un trabajador sufra una enfermedad en el trabajo.

La posibilidad de que un trabajador sufra acoso.

El riesgo que supone el ir a trabajar.

3 Indica cuál es la definición de prevención:

a) La probabilidad racional de que un riesgo se materialice de forma inminente.

b) El estudio de los procesos potencialmente peligrosos para el trabajo.

c) Conjunto de actividades o medidas adoptadas o previstas en todas las fases de actividad de la empresa con el fin de evitar o disminuir los riesgos derivados del trabajo.

d) Posibilidad de que un trabajador sufra un determinado daño derivado del trabajo.

4. Quedan bajo el ámbito de la Ley de Prevención de Riesgos Laborales:

a) La totalidad de las relaciones laborales reguladas en el Estatuto de los Trabajadores.

b) La totalidad de las relaciones laborales establecidas en el ámbito de las funciones públicas de policía y seguridad.

c) Las relaciones laborales de carácter especial del servicio del hogar familiar.

d) La totalidad de las relaciones laborales establecidas en los servicios operativos de protección civil y peritaje forense.

5. Entre los principios de la acción preventiva recogidos por el artículo 15 de la Ley de Prevención de Riesgos Laborales, no figura:

a) Evitar los riesgos.
b) Evaluar los riesgos que se puedan evitar.
c) Tener en cuenta la evolución de la técnica.
d) Dar las debidas instrucciones a los trabajadores.

6. ¿Cuándo se deben utilizar los equipos de protección individual?

a) Siempre.
b) Cuando los riesgos no hayan sido evaluados.
c) Cuando los riesgos no se puedan evitar o no puedan limitarse.
d) Cuando el trabajador lo estime oportuno.

7. La prevención de riesgos laborales deberá integrarse en el sistema general de gestión de la empresa a través de:

a) La política preventiva.
b) El plan de prevención.
c) El consenso de las partes.
d) El poder de decisión del empresario.

8. Toda lesión corporal que el trabajador sufra con ocasión del trabajo que ejerza por cuenta ajena:

a) Es un riesgo laboral.
b) Es un accidente.
c) Es una enfermedad profesional.
d) Es una simple circunstancia.

9. Para salvar obstáculos o diferencias de nivel, se debe preparar una pasarela sobre el obstáculo o diferencia de nivel, con un ángulo de inclinación lo más suave posible, para evitar sobreesfuerzos. La pasarela tiene que tener una anchura mínima de:

a) 10 cm.
b) 30 cm.
c) 60 cm.
d) 1 metro.

10. Son elementos de seguridad que tratan de minimizar las consecuencias de una colisión, absorbiendo parte de la energía desarrollada en la colisión y por tanto disminuyendo parte de los efectos a los usuarios del vehículo:

a) Biondas.
b) Ojos de gato.

c) Petriles.
d) Hitos de arista.

11. Elementos auxiliares de seguridad conocidos también como "ojos de gato":

a) Biondas.
b) Captafaros.
c) Hastiales.
d) Conos.

12. Todas las excavaciones abiertas y huecos (zanjas y arquetas) permanecerán balizadas en todo el perímetro con valla tipo ayuntamiento siempre que la profundidad no sea superior a:

a) 50 cm.
b) 1 metro.
c) 1,50 metros.
d) 2 metros.

13. Los trabajadores no deben manipular cargas superiores a (a partir de):

a) 15 kilos.
b) 25 kilos.
c) 40 kilos.
d) 60 kilos.

14. En los trabajos de saneo o estabilización de taludes, es conveniente señalizar estos mediante malla de señalización de color:

a) Amarillo.
b) Rojo.
c) Blanco.
d) Naranja.

15. Tipo de panel de información fija o variable en que su estructura no atraviesa de lado a lado la calzada, sino que está colocado en uno de los bordes de la calzada y dispone de un soporte de fijación que o bien está centrado con el panel o está en uno de los extremos.

a) Banderola.
b) Flecha.
c) Cortina.
d) Abanico.

16. En relación a la limpieza de hastiales en túneles, NO es correcto:

a) Realizar la limpieza mediante agua a presión.
b) Limpiar ambas márgenes al mismo tiempo.
c) Que los vehículos del dispositivo detenidos en el arcén de la carretera lleven siempre conectadas las luces de emergencia y los girofaros.
d) Uno de los riesgos más frecuentes en estas operaciones es la exposición a sustancias nocivas o tóxicas.

17. La señalización de obra se retira:

a) En general, en el mismo orden en que se colocó.
b) En general, en orden inverso a como se colocó.
c) Depende del tipo de vía.
d) Ninguna de las anteriores respuestas es correcta.

18. ¿Cuándo se deben balizar los tramos de carretera afectados por obras?

a) Cuando existan zonas vedadas a la circulación, tales como el arcén, parte del carril contiguo, un carril cerrado o la propia obra.
b) Cuando se dispongan carriles provisionales cuyo trazado o anchura difieran de los que habría sin la presencia de las obras.
c) Cuando se establezca una ordenación de la circulación que pueda implicar su detención (sentido único alternativo).
d) Las tres respuestas anteriores son correctas.

19. Una obra que se realice fuera de la plataforma de una carretera:

a) Requiere señalización cuando represente un peligro para la circulación.
b) No se señaliza nunca, pues está fuera de la carretera.
c) Sólo se señaliza de noche mediante balizas luminosas.
d) Requiere señalización en climas lluviosos.

20. Las marcas viales de obra son de color:

a) Naranja.
b) Amarillo.
c) Rojo.
d) Naranja o amarillo.

21. Sobre las vías y salidas de emergencia hay que tener en cuenta que:

a) Deberán desembocar directamente en una zona de seguridad, aunque no permanezcan libres y expeditas.
b) En caso de peligro, todos los lugares de trabajo deberán poder evacuarse rápidamente y en condiciones de máxima seguridad para los trabajadores.

c) Las dimensiones de las vías y salidas deberán tener un ancho no inferior a 3 metros.
d) No es imprescindible que exista una señalización específica.

22. Las bocas de incendio equipadas (BIE) constituyen:

a) Un dispositivo apropiado para la lucha contra incendios.
b) Un dispositivo imprescindible en las vías y salidas de emergencia.
c) Un dispositivo de estabilidad y solidez de los materiales.
d) Un dispositivo de ventilación para disponer de aire limpio en cantidad suficiente.

23. El espacio de trabajo debe tener una dimensión:

a) Igual o superior a dos metros cuadrados por cada trabajador que desempeñe en él su tarea.
b) Igual o superior a tres metros cuadrados por cada trabajador que desempeñe en él su tarea.
c) No inferior a cinco metros cuadrados por cada trabajador que desarrolle en él su trabajo.
d) Que deberá calcularse de tal manera que los trabajadores dispongan de la suficiente libertad de movimientos para sus actividades, teniendo en cuenta la presencia de todo el equipo y material necesario.

24. Los trabajadores deberán disponer en las proximidades de sus puestos de trabajo, de locales de descanso, de vestuarios y duchas o lavabos, y de locales especiales equipados con un número suficiente de retretes y lavabos. La dotación recomendada es de:

a) Un retrete por cada 25 hombres o fracción y uno por cada 15 mujeres o fracción.
b) Un urinario por cada 10 hombres o fracción.
c) Un retrete por cada 15 hombres o fracción y uno por cada 5 mujeres o fracción.
d) Un urinario por cada 5 hombres o fracción.

25. Cuando las plataformas, andamios y pasarelas, así como los desniveles, huecos y aberturas existentes en los pisos de las obras, supongan para los trabajadores un riesgo de caída de altura superior a 2 metros, se protegerán mediante barandillas u otro sistema de protección colectiva de seguridad equivalente. Las barandillas serán resistentes, y tendrán una altura:

a) Mínima de 80 centímetros.
b) Máxima de 1 metro.
c) Mínima de 90 centímetros.
d) Máxima de 2 metros.

Solución al test n.º 19

1. c) Artículo 40.

2. a) La posibilidad de que un trabajador sufra un determinado daño derivado del trabajo.

3. c) Conjunto de actividades o medidas adoptadas o previstas en todas las fases de actividad de la empresa con el fin de evitar o disminuir los riesgos derivados del trabajo.

4. a) La totalidad de las relaciones laborales reguladas en el Estatuto de los Trabajadores.

5. b) Evaluar los riesgos que se puedan evitar.

6. c) Cuando los riesgos no se puedan evitar o no puedan limitarse.

7. b) El plan de prevención.

8. b) Es un accidente.

9. c) 60 cm.

10. a) Biondas.

11. b) Captafaros.

12. d) 2 metros.

13. b) 25 kilos.

14. d) Naranja.

15. a) Banderola.

16. b) Limpiar ambas márgenes al mismo tiempo.

17. b) En general, en orden inverso a como se colocó.

18. d) Las tres respuestas anteriores son correctas.

19. a) Requiere señalización cuando represente un peligro para la circulación.

20. d) Naranja o amarillo.

21. b) En caso de peligro, todos los lugares de trabajo deberán poder evacuarse rápidamente y en condiciones de máxima seguridad para los trabajadores.

22. a) Un dispositivo apropiado para la lucha contra incendios.

23. d) Que deberá calcularse de tal manera que los trabajadores dispongan de la suficiente libertad de movimientos para sus actividades, teniendo en cuenta la presencia de todo el equipo y material necesario.

24. a) Un retrete por cada 25 hombres o fracción y uno por cada 15 mujeres o fracción.

25. c) Mínima de 90 centímetros.

TEST N.º 20

Normas básicas de utilización de los productos empleados en la conservación de carreteras. Actuación ante emergencias. Primeros auxilios

1. Avisar de la forma más rápida a los equipos de emergencia del propio establecimiento e informar al resto de los equipos y solicitar en su caso ayudas de intervención externa, cuando se produce una emergencia, es:

a) Alarmar.
b) Alertar.
c) Apremiar.
d) Detectar.

2. El aviso o señal por la que se informa a las personas para que sigan instrucciones específicas ante una situación de emergencia, es:

a) Alerta.
b) Detección.
c) Alarma.
d) Auxilio.

3. Ante una situación de emergencia, el trabajador debe:

a) Seguir trabajando mientras pueda.
b) Dirigirse, ya en el exterior, a un punto de reunión.
c) Quedarse en los lavabos o lugares cerrados.
d) Confiar, sobre todo, en su instinto.

4. Aquella situación en la que los parámetros definidores del riesgo, evidencian que la materialización del mismo, puede ser inminente, se denomina:

a) Preemergencia.
b) Conato.
c) Emergencia parcial.
d) Emergencia primaria.

5. Aquella situación que puede ser controlada y solucionada de forma sencilla y rápida por el personal y medios de protección del local, dependencias o sector, se llama:

a) Preemergencia.
b) Conato de emergencia.
c) Emergencia parcial.
d) Emergencia primaria.

6. Aquella situación que para ser dominada, requiere la actuación de equipos especiales del sector, se denomina:

a) Emergencia sectorial.
b) Emergencia básica.
c) Preemergencia.
d) Emergencia parcial.

7. ¿A quién corresponde establecer la situación de emergencia en función del nivel de gravedad?

a) Al Jefe de Intervención.
b) Al Director del Plan de Actuación.
c) Al responsable de los Servicios Públicos de Extinción de Incendios y Salvamento.
d) Al Director del Plan de Autoprotección.

8. En un plan de autoprotección, ¿a qué se denominan "Equipos de Primera Intervención" (EPI)?

a) Son los que en una situación de emergencia organizan en primer lugar la evacuación del edificio a la espera de las instrucciones del Jefe de Emergencia.
b) Son los que en una situación de emergencia acuden al lugar donde se haya producido la emergencia para intentar su control y poner en funcionamiento el sistema de alarma.
c) También llamados Equipos de Protección Individual, incluyen cualquier equipo destinado a ser llevado o sujetado por el trabajador para que le proteja de los riesgos para su seguridad y salud laboral.
d) Son las brigadas contra incendios que actúan cuando la emergencia se considera grave.

9. Asume la dirección y coordinación de los equipos de emergencia en el lugar del accidente:

a) El Jefe de Intervención.
b) El Director del Plan de Actuación.
c) El responsable de los Servicios Públicos de Extinción de Incendios y Salvamento.
d) El Director del Plan de Autoprotección.

10. Su misión es asegurar una evacuación total y ordenar su sector y/o establecimiento y garantizar que se ha dado la alarma. Nos referimos a:

a) El Equipo de Primeros Auxilios (EPA).
b) El Equipo de Segunda Intervención (ESI).

c) El Equipo de Primera Intervención (EPI).
d) El Equipo de Alarma y Evacuación (EAE).

11. Las salidas del establecimiento, planta o inmueble tendrán una señal con el rótulo "SALIDA", excepto en edificios de uso Residencial Vivienda y, en otros usos, cuando se trate de salidas de recintos que sean fácilmente visibles y cuya superficie no exceda de:

a) 50 m².
b) 100 m².
c) 200 m².
d) 400 m².

12. Deben disponerse señales indicativas de dirección de los recorridos, visibles desde todo origen de evacuación desde el que no se perciban directamente las salidas o sus señales indicativas y en particular, frente a toda salida de un recinto, que acceda lateralmente a un pasillo, y que tenga una ocupación mayor de:

a) 50 personas.
b) 100 personas.
c) 140 personas.
d) 200 personas.

13. Las señales de salida de uso habitual o de emergencia, cuando la distancia de observación esté comprendida entre 20 y 30 metros, tendrán un tamaño de:

a) 210 x 210 mm.
b) 420 x 420 mm.
c) 594 x 594 mm.
d) 360 x 360 mm.

14. El lugar físico desde donde el Director del Plan de Actuación en Emergencias dirige la resolución de la misma, es:

a) El Centro de Control.
b) El Lugar de reunión.
c) El Centro directivo.
d) La Zona de Refugio.

15. El emplazamiento de los extintores permitirá que sean fácilmente visibles y accesibles, estarán situados próximos a los puntos donde se estime mayor probabilidad de iniciarse el incendio, a ser posible próximos a las salidas de evacuación y preferentemente sobre soportes fijados a paramentos verticales, de modo que la parte superior del extintor quede, como máximo, a:

a) 1,50 metros sobre el suelo.
b) 1,70 metros sobre el suelo.

c) 1 metro sobre el suelo.
d) Ninguna de las respuestas es correcta.

16. Los pulsadores de alarma se situarán de modo que la distancia máxima a recorrer, desde cualquier punto hasta alcanzar un pulsador, no supere:

a) 15 metros.
b) 25 metros.
c) 40 metros.
d) 60 metros.

17. La señal de alarma generada desde el puesto de control será:

a) En todo caso audible.
b) En todo caso visible.
c) Será audible únicamente cuando la luminosidad del sector sea muy alta.
d) Será visible cuando el nivel de ruido donde deba ser percibida supere los 200 dB.

18. Cuando se prevean riesgos de heladas, las columnas hidrantes serán del tipo:

a) Columna seca.
b) Hidrante de arqueta.
c) Boca hidrante.
d) Columna líquida.

19. Las bocas de incendio equipadas pueden ser de los tipos:

a) 20 mm y 50 mm.
b) 30 mm y 55 mm.
c) 25 mm y 45 mm.
d) 15 mm y 40 mm.

20. Las bocas de incendio equipadas (BIE) se situarán, siempre que sea posible, a una distancia máxima de la salida de cada sector, de:

a) 5 metros.
b) 10 metros.
c) 15 metros.
d) 20 metros.

21. El socorrista en caso de quemaduras no debe:

a) Avisar una ambulancia.

b) El socorrista debe aplicar agua en abundancia en la quemadura para enfriarla y reducir el dolor (de 20 a 30 minutos), quitando ropas, joyas y todo aquello que mantenga el calor. Si aparecen temblores, tapar a la persona herida con una manta.

c) Cubrir la lesión con un vendaje seco y limpio (sábanas, pañuelos, camisetas, etc).

d) Aplicar en las mismas sustancias tales como pomadas, mantequilla, aceite, vinagre, etc.

22. Cuando el socorrista ha procedido a evaluar al herido y este se encuentra inconsciente, debe situarlo en la mejor posición de seguridad y esta es:

a) Intentar incorporarlo para que recupere la consciencia.

b) Colocarlo en posición lateral y esperar a que sea trasladado por los medios adecuados.

c) Colocar a la víctima sentada en el suelo y siempre con el tronco erguido para conseguir que la cabeza esté más alta que el resto del cuerpo.

d) Quitar la ropa de la víctima lo antes posible para impedir que las posibles heridas estén en contacto con nada.

23. El tratamiento de primeros auxilios para un accidentado con lesiones térmicas, dependerá de la extensión y profundidad de la quemadura. Por ello, ante quemaduras de primer grado, el socorrista debe:

a) Lavar con agua fría o aplicar compresas humedecidas con agua, cubrir la quemadura con gasas estériles.

b) Reventar las ampollas lo antes posible para que no se sequen.

c) Una vez enfriada la quemadura, ésta no debe cubrirse en ningún caso.

d) Mantenerse sin actuación de ningún tipo a la espera de que pueda ser trasladado el accidentado al hospital más cercano.

24. Las acciones que debe tomarse ante un accidentado en llamas nunca deben consistir en:

a) La primera actuación será apagar las llamas (se ha de evitar que el accidentado corra).

b) Utilizar extintores para apagar las llamas.

c) Cubrir con una manta o hacer que ruede por el suelo; en última instancia echarse sobre él.

d) Observar con rapidez si respira (la víctima ha podido inspirar llamadas, gases o aire caliente produciéndole graves quemaduras en las vías respiratorias) y si tiene pulso. En caso negativo, se procede a la reanimación cardiopulmonar básica.

25. Un torniquete nunca deberá utilizarse:

a) Para grandes hemorragias arteriales, amputación traumática y aplastamientos prolongados.

b) Por encima de la herida cuando sea hemorragia arterial y por debajo de la herida cuando sea hemorragia venosa.

c) Aflojándolo cada dos horas para evitar gangrena.

d) En casos extremos y cuando otros recursos no han logrado detener el sangrado.

26. Las pautas básicas de los primeros auxilios se recogen bajo la denominación de las siglas:

a) P.A.S.
b) P.A.C.
c) P.A.M.
d) P.A.L.

27. Un masaje cardiaco se practica mediante una compresión externa del corazón pretendiendo que éste vuelva a latir y distribuya la sangre por todo el organismo. La compresión debe hacerse de tal manera que consigamos que el tórax:

a) Descienda 4 o 5 centímetros y a un ritmo alto de 80-100 veces por minuto.
b) Descienda 1 o 2 centímetros y a un ritmo medio de 50-60 veces por minuto.
c) Descienda 1 o 2 centímetros y a un ritmo bajo de 20-30 veces por minuto.
d) Ninguna de las respuestas es correcta.

28. La quemadura de grosor total, en la que se ven afectadas todas las capas de la piel incluyendo la dermis profunda, con una lesión de aspecto seco, chamuscado y blanquecino se la denomina:

a) Escara.
b) De primer grado.
c) De segundo grado.
d) Leve.

29. El pronóstico en el caso de quemaduras depende de la valoración de la gravedad de éstas; por ello, cuando se ha visto afectada la superficie corporal entre un 30 y un 50 por ciento, aquel será:

a) Leve.
b) Grave.
c) Muy grave.
d) Reservado.

30. En la actuación ante una fractura no se debe:

a) Proteger a la persona accidentada y procuraremos infundirle tranquilidad y confianza comentándole que ya se ha avisado a los servicios sanitarios.
b) Evitar movimientos innecesarios ya que podemos aumentar el dolor, agravar las lesiones e incluso involuntariamente desencadenar un cuadro de shock.
c) Inmovilizar la fractura en la misma posición en que se encuentra.
d) Intentar por nuestra cuenta reducir la fractura, esto es llevar al hueso a su posición normal.

31. ¿Qué norma UNE regula las emulsiones asfálticas para betunes en pavimentación?

a) UNE 104231:1999.
b) UNE-EN 13108.
c) UNE-EN 1436.
d) UNE 12620:2003.

32. ¿Qué equipo de protección personal (EPP) es necesario para manipular productos asfálticos en caliente?

a) Solo guantes y gafas.
b) Guantes resistentes al calor, botas de seguridad y gafas de protección.
c) Mascarilla y guantes.
d) Ropa de alta visibilidad y casco.

33. ¿Cuál es la principal precaución al utilizar herbicidas en la conservación de carreteras?

a) Almacenarlos en lugares fríos.
b) Aplicarlos solo en días soleados.
c) Seguir las dosis recomendadas y utilizar protección personal.
d) Evitar su uso en carreteras urbanas.

34. ¿Qué normativa nacional regula la gestión de residuos y la prevención de la contaminación del suelo?

a) Ley 31/1995 de Prevención de Riesgos Laborales.
b) Real Decreto 39/1997 de Servicios de Prevención.
c) Ley 7/2022 de Residuos y Suelos Contaminados para una Economía Circular.
d) Real Decreto 9/2005 sobre actividades potencialmente contaminantes.

35. ¿Qué buenas prácticas se recomiendan para el almacenamiento de materiales asfálticos?

a) Almacenarlos en áreas sin ventilación.
b) Mantener los productos en lugares secos y protegidos de la intemperie.
c) Almacenar los productos en contenedores abiertos.
d) Guardar los materiales a temperatura ambiente.

Solución al test n.º 20

1. b) Alertar.

2. c) Alarma.

3. b) Dirigirse, ya en el exterior, a un punto de reunión.

4. a) Preemergencia.

5. b) Conato de emergencia.

6. d) Emergencia parcial.

7. b) Al Director del Plan de Actuación.

8. b) Son los que en una situación de emergencia acuden al lugar donde se haya producido la emergencia para intentar su control y poner en funcionamiento el sistema de alarma.

9. a) El Jefe de Intervención.

10. d) El Equipo de Alarma y Evacuación (EAE).

11. a) 50 m².

12. b) 100 personas.

13. c) 594 x 594 mm.

14. a) El Centro de Control.

15. b) 1,70 metros sobre el suelo.

16. b) 25 metros.

17. a) En todo caso audible.

18. a) Columna seca.

19. c) 25 mm y 45 mm.

20. a) 5 metros.

21. d) Aplicar en las mismas sustancias tales como pomadas, mantequilla, aceite, vinagre, etc.

22. b) Colocarlo en posición lateral y esperar a que sea trasladado por los medios adecuados.

23. a) Lavar con agua fría o aplicar compresas humedecidas con agua, cubrir la quemadura con gasas estériles.

24. b) Utilizar extintores para apagar las llamas.

25. c) Aflojándolo cada dos horas para evitar gangrena.

26. a) P.A.S.

27. a) Descienda 4 o 5 centímetros y a un ritmo alto de 80-100 veces por minuto.

28. a) Escara.

29. c) Muy grave.

30. d) Intentar por nuestra cuenta reducir la fractura, esto es llevar al hueso a su posición normal.

31. a) UNE 104231:1999.

32. b) Guantes resistentes al calor, botas de seguridad y gafas de protección.

33. c) Seguir las dosis recomendadas y utilizar protección personal.

34. c) Ley 7/2022 de Residuos y Suelos Contaminados para una Economía Circular.

35. b) Mantener los productos en lugares secos y protegidos de la intemperie.

Cómo acceder al Curso

Auxiliar de Carretera
Test del temario

El uso de los códigos **es exclusivo de los compradores de los productos de Editorial MAD**. Cada producto posee un código único y de un solo uso. Es personal e intransferible y da acceso a servicios y contenidos adicionales. Editorial MAD se reserva el derecho de hacer cuantas comprobaciones sean necesarias para identificar al legítimo poseedor del código y dejar de dar servicio a quien haga uso fraudulento del mismo, además de emprender cuantas acciones legales estime oportunas según la legislación vigente.

Deberás acceder a:

mad.es/registro-campus

Si una vez aceptadas las condiciones de uso del Campus decides hacer uso del mismo, necesitarás del siguiente código de acceso junto con los códigos del resto de títulos que se exigen (si fuera el caso):

UTWA79IJPQ